Stefan Antoni

Altersangemessene Sachtexte lesen und verstehen

Texte und Übungen für Schüler mit sonderpädagogischem Förderbedarf

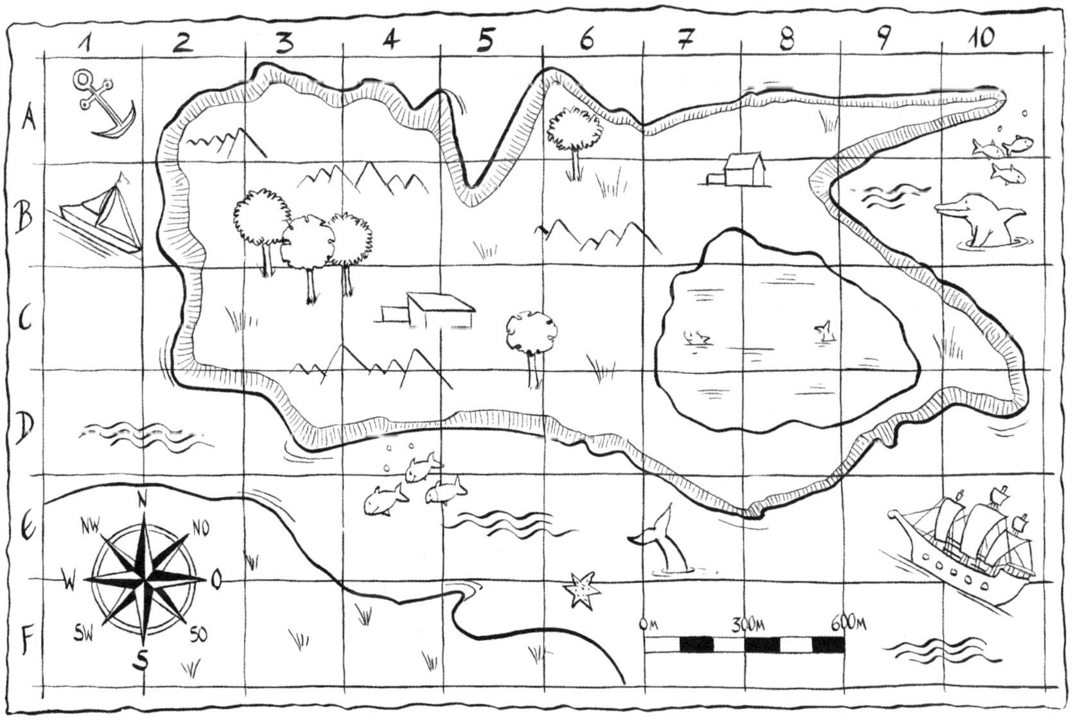

PERSEN

Gedruckt auf umweltbewusst gefertigtem, chlorfrei gebleichtem und alterungsbeständigem Papier.

3. Auflage 2017

Grafik: Mele Brink, Marion El-Khalafawi (Hundehütte S. 23; fliegende Tiere S. 39; Vogelhäuschen S. 39; Telefon S. 61; Flugzeug, Auto, Zug, CD: Fliegen S. 3, 4; Schatztruhe, CD: Entdecker S. 9)
Satz: Satzpunkt Ursula Ewert GmbH, Bayreuth

ISBN 978-3-403-23250-6

www.persen.de

Inhaltsverzeichnis

Diese Materialien finden Sie auf der beiliegenden CD.

Lesen lernt man nur durch Lesen

Lassen Sie uns mit einem Experiment beginnen.

„UnterLesekompetenzverstehenwirimFolgendendasEnsemblederDispositionen,diebeiderRezep tionschriftbasierterMediensituativhandelndundreflektierendgenutztwerdenkönnen.Lesenum fasstnichtnurhierarchieniedrigeDekodierprozesse,sondernauchhierarchiehöhereProzessedes TextverstehensundderSelbststeuerung,lesebezogeneHaltungenundBereitschaftensowiein tra-undintersubjektiveReflexionen.“[1]

Trenne die Wörterschlange.
Unterstreiche die Nomen blau und die Verben rot.
Lies den Text laut.
Lest den Text zu zweit mit verteilten Rollen.

Mindestens zehn Prozent aller deutschen Schüler sind sehr schwache Leser. 40 % unserer Schüler lesen nie zum eigenen Vergnügen. Diese Schüler sind meist männlich und kommen oft aus sozial schwachen Verhältnissen.[2]
Wie im Rechtschreiben gibt es auch hier einen Teufelskreis: Diese Schüler lesen nicht (viel), weil sie nicht gut lesen können. Sie können nicht gut lesen, weil sie nicht (viel) lesen. Lesemotivation und Leseschwierigkeiten bedingen sich gegenseitig.

Haben Sie das Experiment durchgeführt? Spaß gehabt? Etwas gelernt?
Oder sich vielleicht geärgert und das Experiment abgebrochen?
Sie waren konfrontiert mit kleinen Auszügen aus Texten von Bildungstheoretikern. Sie aber sind Praktiker. Werden Sie durch einen solchen Text zum Weiterlesen, gar zum Kauf des ganzen Buches animiert? Fühlen Sie sich angesprochen? Empfinden Sie die erhaltenen Informationen als notwendig?

Genau dies ist die Situation, in der sich häufig unsere Schüler befinden: Was soll das? Die Bemühung vieler Publikationen, Lesen als Genusserfahrung zu vermitteln erreicht unsere Schüler i. d. R. nicht. 75 % können keinen Text flüssig erlesen, den Text verstehen[3], Lesen spielt für sie im Alltag keine, wirklich keine Rolle.

Der Schule, uns, ist es oft genug nicht gelungen, diesen Schülern die Erfahrung zu vermitteln, dass sich Lesen lohnt, dass der Anstrengung Genuss folgen kann.
Wir können die Entwicklung der Lesefertigkeit beschreiben vom Erwerb basaler Fähigkeiten auf der Wortebene, den Übergang auf die Satz- und damit auf die Textebene.
Wir können primäre und sekundäre Leseschwierigkeiten klassifizieren.
Wir wissen, dass lernschwache Schüler auf all diesen Ebenen Probleme haben.
Wir wissen, dass die grundlegende, die wichtigste Leseförderung im Elternhaus passiert.
Wir wissen, dass unsere Schüler meist aus Elternhäusern stammen, die diese grundlegende Förderung nicht bieten können.

---

[1] Diese Textteile sind zusammengefügt aus: Groeben, N.: Zur konzeptuellen Struktur des Konstrukts „Lesekompetenz“. In: Groeben, N. & Hurrelmann, B. (Hrsg.): Lesekompetenz. Bedingungen, Dimensionen, Funktionen. Weinheim: Juventa 2009.
Hurrelmann, B.: Modelle und Merkmale der Lesekompetenz. In: Bertschi-Kaufmann, A. (Hrsg.): Lesekompetenz – Leseleistung – Leseförderung. Grundlagen, Modelle und Materialien. Zug: Klett und Balmer 2007.

[2] PISA 2000

[3] PISA 2009

Wir wissen darüber hinaus, dass Leseförderung oft, zu oft, lediglich im Deutschunterricht stattfindet.
Wir haben davon gehört[4], dass es im Laufe einer Schülerkarriere keine kontinuierliche Steigerung der Lesefertigkeit gibt – im Gegenteil, im Laufe des Schulbesuchs wird gar ein *Leseknick* diagnostiziert.
Wir können Übungen an der optischen wie an der akustischen Wortgestalt anbieten[5], wir führen Events, echte Attraktionen durch: Lesenächte, Büchereibesuche, Lesewettbewerbe, lassen Lesetagebücher führen – und erreichen mit den meisten dieser aufwendigen Aktionen doch wieder nur die motivierten Schülerinnen (seltener Schüler). Wir wissen viel und noch mehr wird publiziert.
Und dennoch wissen wir sicher lediglich[6]: Lesen lernen wir durch Lesen.

Lesen lässt sich nur im Tun trainieren. Oft fehlt schwachen Lesern aber die Motivation, sich an Texte zu wagen. Dies liegt nicht zuletzt auch daran, dass viele der angebotenen Texte nur einen kleinen Teil der Schüler motivieren.
Wir Lehrer erreichen oft genau die Schüler mit unseren Angeboten zum Lesen nicht, die besonders dringend üben müssten.
Die Motivation der Schüler zum Lesen zu heben, ist mühevoll und bedarf eines großen Fundus an Texten und vor allem Zugängen.

Hintergrund der hier angebotenen Lesetexte und Leseübungen ist die Erkenntnis, dass Lesen Mühe macht und daher die (auch vermittelte) Lust am Lesen der Hauptfaktor dafür ist, ob es geübt und praktiziert wird oder nicht.

Lesen spielt im familiären und außerfamiliären Umfeld unserer Schüler im besten Falle eine untergeordnete Rolle. Kinder und Jugendliche lesen, wenn sie lesen, aus sehr unterschiedlichen Gründen.

Lesen aus Freude an der Geschichte. Diese Kinder (und Jugendlichen) lassen sich gerne in andere Welten entführen, sind neugierig auf den Verlauf einer Geschichte, erkennen durchaus Parallelen zu ihrem eigenen Leben oder aber fliehen in literarische Welten.[7] Sie erfinden oft selbst gerne Geschichten, die sie erzählen oder aufschreiben. Diese Schüler sind intrinsisch motiviert und eine notwendige Stütze für jeden Frontalunterricht.

Lesen aus Lust am Tun. Sicherlich kennen auch Sie die Schüler, die als Erste beim Kochen ein Rezept an sich nehmen, es fast verschlingen und der ganzen Gruppe den Kochvorgang erklärt. Sicherlich kennen auch Sie die Schüler, die im Werken einen Bauplan im Nu dekodieren, ihn lesen können.
Diese Schüler lesen, um Handlungsanleitungen zu bekommen.
Lesen ist ihnen ein notwendiges Werkzeug.

---

[4] IGLU, PISA

[5] Viele Leseübungen trainieren mit rein mechanisch zu erledigendem, wenig motivierendem Material. Einzelfertigkeiten sollen geübt werden, aber der Zusammenbau dieser einzelnen Puzzleteile muss vom Schüler selbst geleistet werden. Von Schülern, in deren Elternhäusern i.d.R. nicht gelesen wird.

[6] Dazu bedarf es keiner aufwendigen Evaluationsprozesse. Zudem liegen zur Wirksamkeit von Leseförderungsprozessen m. W. wenig empirisch gesicherte Erkenntnisse vor. Was sicherlich auch dadurch bedingt ist, dass so viele Faktoren hier zum Tragen kommen, dass eine wirklich trennscharfe Analyse kaum möglich ist.

[7] Dazu gehört unbedingt auch das Vorlesen im Unterricht!

> **Lesen aus Lust am Wissen.** Schon vor der ersten Stunde werden Elektronikkataloge geschmökert, die Daten des einen mit denen eines anderen Mobiltelefons akribisch verglichen.
> Mit den Strukturen des offenen Unterrichts wenig vertraut, sind es diese Schüler, die immer wieder fragen: Darf ich lesen?
> Jugendlexika, Atlanten, Kataloge – keine literarischen Texte, aber: lesen!
> Sie sind neugierig auf das Funktionieren der Welt, wollen Fragen beantworten, Lesen gibt die Möglichkeit zum Forschen und Verstehen.

Wenige Lesetexte können all diese Motivationslagen gleichzeitig bedienen, also muss es im Unterrichtsalltag darauf ankommen, diese wechselnd oder gleichzeitig anbieten zu können, zur Wahl zu stellen.
Bereits diese, thematisch bedingt, unterschiedlichen Motivationslagen unserer Schüler verdeutlichen, dass Leseunterricht in keinem Fall nur im Deutschunterricht verankert sein kann.[8] Nur gemeinsam mit *allen* anderen Fächern kann es gelingen, Voraussetzungen für eine lesefreundliche, lesemotivierende Atmosphäre zu schaffen. Die Lesefähigkeit ist eine *der* zentralen schulischen Aufgaben und deswegen eine Aufgabe aller Unterrichtsfächer.[9]
Und: Lesefähigkeit umfasst in keinem Fall lediglich literarische oder Sachtexte. Grafiken, Diagramme, Tabellen etc. – alle diskontinuierlichen Texte sind Bestandteil der Leseförderung.

Darüber hinaus stellen nun auch noch die methodischen Bedürfnisse weitere elementare Unterschiede zwischen einzelnen Schülern dar:
Manche Schüler brauchen kleine überschaubare Portionen, die Frustrationstoleranz ist gering und Erfolge müssen wie an einer Perlenkette aufgereiht erlebt werden, um Kraft für neuerliches Engagement zu schöpfen. Andere Schüler brauchen Orientierungshilfen im Text, die optische Differenzierungsfähigkeit ist noch so wenig entwickelt, dass etwa Silben verschiedenfarbig gedruckt werden oder aber Bilder und Zeichnungen den Inhalt eines Textes veranschaulichen müssen.
Andere wiederum lesen am liebsten normal angebotene Texte, kein Großdruck, normaler Zeilenabstand: Ich bin doch kein Kind!
Wieder andere lieben ein Rätsel- oder Knobelelement, das ihnen hilft, sich einem längeren Text zu nähern.[10]

Leseförderung, Lesetraining erfordert Kontinuität, die Einbeziehung aller Fächer und, in erster Linie, der Motivationslagen unserer Schüler. Davon ausgehend, dass die meisten unserer Schüler ein negatives Leseselbstbild haben, werde ich natürlich keinen Weg ausschlagen, der, unter Umständen, Freude am Lesen anbahnen kann. Die Steigerung der Lesekompetenz erfolgt dann fast automatisch.
So unterschiedlich die Hintergründe und Bedürfnislagen der Schüler sind, so unterschiedlich sollten die Angebote im Unterricht sein.

---

[8] Zudem erfolgt alltägliches, also nicht pädagogisch vermitteltes Lesetraining immer öfter unter Einbezug digitaler Medien.
[9] Ein Gesamtkonzept schulischer Leseförderung: Vielleicht entwickeln Sie das einmal in Ihrer Schule?
[10] In einer Fortbildung hat mir ein Pädagogikverwalter einmal erwidert: *Suchsels gehören in Zeitschriften und nicht in den Unterricht.* Wie anmaßend und unwissend: Jeder Weg, auf dem sich ein Schüler einem Text nähert ist ein guter Weg. Wir dürfen unsere mittelschichtsorientierte Sozialisation nicht zum arroganten Maßstab unserer Unterrichtsarbeit werden lassen.

Vorwort

Ein wichtiger Grundsatz der Arbeit mit Kindern und Jugendlichen ist die *Individualisierung* des (Lese-)Lernprozesses: Viel und oft differenzieren und individualisieren, das individuelle Lerntempo der Schüler sehen und akzeptieren.
Nichts spricht dagegen, dass Schüler an verschiedenen Texten in unterschiedlichem Tempo arbeiten. Nichts spricht dagegen, dass ein Schüler (zum Beispiel von den hier angebotenen) Übungen und Texten viele ablehnt – auch dies ist eine Kompetenz, die es zu achten gilt: entscheiden können, was ich *nicht* lesen möchte.
Wie in jedem anderen „Fach“ ist auch hier von einer grundlegenden Voraussetzung zu sprechen: von Geduld.

Jede Übung braucht Geduld und wenn der Schüler auf seine Leistungen wie auf seine Schwächen zurückblickt, benötigt er die geduldige Unterstützung des Lehrers.
Geduld des Lehrers, der sich der frustrierenden Lerngeschichte der Schüler bewusst ist und deswegen gezielt Möglichkeiten bietet, Lernerfolge zu erleben, um den Kreislauf von Versagen, negativem Selbstbild und neuerlichem Versagen zu durchbrechen, sind Grundlage erfolgreichen Arbeitens.
Die Schüler arbeiten demnach in dem ihnen eigenen Lerntempo mit dem ihnen entsprechenden Material. Der Lehrer wird nach Möglichkeit versuchen, jedem Schüler zu dem für ihn richtigen Zeitpunkt, in dem für ihn passenden Tempo das für ihn passende Lernmaterial anzubieten. Es gibt kaum einen Grund, die Übungen im Klassenunterricht (Unterricht nach Stundentafel) bearbeiten zu lassen. Sinnvoller ist es, alle Übungen in den Wochenplan, den Arbeitsplan oder die Freiarbeitsphasen zu integrieren.
Jeder Schüler kann in dem ihm gemäßen Tempo zu selbst bestimmten Zeiten die Übungen bearbeiten.

Auch sich selbst gegenüber muss der Lehrer Geduld aufbringen!
Wenn wir wissen, dass Herkunft und Schule es kaum vermögen, unseren Schülern auch nur in Ansätzen Freude am Lesen zu vermitteln, sollten wir Kontroll- und Disziplinierungsmaßnahmen vermeiden.
Es gibt also keinen Laufzettel für die Leseübungen, keine Stationen, die abgearbeitet werden *müssen*. Es gibt Angebote.
Wir haben viel erreicht, wenn wir Freude am Lesen anbahnen können.
Mit Sicherheit wird uns dies nicht gelingen, wenn wir die Erfüllung von Lernzielen in den Mittelpunkt des Unterrichts stellen.
Eine *leistungsbefreite Lesekultur* soll uns das erste Instrument sein, mit dem wir den Teufelskreis Nicht-lesen-Können – Nicht-lesen-Wollen durchbrechen können.

Kritische Leser dieser Seiten könnten nun auch dieses Lesewerk in die Reihe kritisierter Veröffentlichungen stellen und Ihnen wäre im Grunde Recht zu geben. Jede Veröffentlichung verallgemeinert und kann deswegen den skizzierten Grundsätzen von Individualisierung nicht gerecht werden.
Die in diesem Band versammelten Texte wurden zum großen Teil explizit für besondere Kinder geschrieben.
Für lebende, die Schule besuchende Kinder.
Nicht für am Schreibtisch imaginierte.

Letztendlich möchten diese Zeilen auch genau dazu ermuntern:

Schreiben Sie für Ihre Kinder!

Ein Großteil unserer Arbeit in der Schule ist Beziehungsarbeit. Arbeit, die in keinem Stoffplan, in keinem Lehrplan, in den wenigsten Szenarien der Bildungsbürokraten auch nur aufscheint. Unsere Arbeit lässt sich nicht reduzieren auf Rechtschreibtraining, Lesetraining, Rechentraining, optisches und akustisches Spezialtraining usw. usf.
Grässlich das Bild eines „Spezialisten“, der die Matheschraube justiert, an der Rechtschreibmuffe pfriemelt und die Lesemutter anzieht.

„Nicht fehlende Bildungsstandards sind das Grundübel in den Schulen, wie uns die Bildungsexperten seit der PISA-Studie weiszumachen versuchen – so als hätten die Lehrerinnen und Lehrer bisher nicht gewusst, was sie eigentlich unterrichten sollen.
Das Hauptproblem liegt derzeit vielmehr darin, dass Lehrende – aus sehr unterschiedlichen Gründen – Schwierigkeiten haben, mit ihren Schülern eine Arbeits**beziehung** zu gestalten, die das Lehren und Lernen fördert.“[11]

Diese Arbeitsbeziehung strahlt, entschuldigen Sie den Euphemismus, durch die Texte die Sie für Ihre Schüler schreiben.
Und diese Beziehung ist das zentrale Element jeder Pädagogik.

Über die Arbeit mit diesem (Lese-)Buch

Wie kann ich, differenziert und möglichst individuell, Schüler zum Lesen anregen? Wie kann ich Lesen in der Schule propagieren jenseits von großartigen Events (Lesenächten etc.)?
Wie kann ich Lesen aus dem Korsett Deutschunterricht lösen und in alle Fächer integrieren?
Wie kann ich die emotionalen Aspekte des Lesens positiv betonen?
Wie kann ich eine leseförderliche Atmosphäre schaffen?
Zielgruppen dieses Lesebuches sind die Oberklassen der Förderschule. Eine Jahrgangsstufe wird nicht zugeordnet.

Von den weiter oben gemachten Ausführungen über die Motivationslage von Schülern ausgehend, bietet es sich nachgerade an, diesen Versuch zu wagen:
Durch verschiedene Texttypen und unterschiedliche Darstellungsarten zu jeweils dem gleichen Thema die Lust am Lesen wecken. Bei den Themen auf Fragen, Anfragen der Schüler zurückgreifen.[12]

In diesem Buch sind fünf Themenblöcke gesammelt und zu jedem dieser einzelnen Blöcke gibt es zwei Sachtexte. Im Anschluss finden Sie jeweils textbezogene Aufgaben. Auf der beiliegenden CD werden weitere Experimente, Basteleien und Zahlen zu den Themen angeboten. Ergänzend gibt es jeweils Hinweise zum Thema im Internet.

[11] Bauer, J.: Warum ich fühle, was du fühlst. Intuitive Kommunikation und das Geheimnis der Spiegelneurone. München: Heyne 2008, S. 123

[12] Ganz prima geeignet hierzu ist ein Fragenbriefkasten im Klassenzimmer. Werden diese Fragen ernst genommen, tauchen sie also im Unterricht auf, sind bald schon so viele Fragen gesammelt, dass der gesamte Unterricht damit bestritten werden kann. Siehe dazu weiter unten: Der Dienstagstext.

Vorwort

Die Übungen in den Kapiteln sind ähnlich aufgebaut, um Wiedererkennung, positive Gewöhnung und eine fortschreitende Selbstständigkeit zu gewährleisten.
Die Übungsformen sind Ihnen sicherlich bekannt. Hier tauchen Fragen auf, Übungen zur optischen Differenzierung, Denkaufgaben, Nachschlageübungen u. v. m.

Fünf Themenblöcke mit je vier Unterkapiteln – viel Material, das Sie flexibel einsetzen können.

Das Material ist nicht als Lehrgang zu verstehen, der von der ersten bis zur letzten Übung womöglich im Klassenunterricht durchgearbeitet werden muss.
Es ist nicht daran gedacht, dass die Schüler ganze Übungszyklen durcharbeiten, sondern in einem vielfältigen Angebot das wählen können, was ihnen (im wahrsten Sinne des Wortes) entgegenkommt.
Das Material ist nicht Teil eines Leseförderprogrammes, das, von einer Lernstandsanalyse ausgehend, Übungen von Einzelfertigkeiten anbietet.
Stringentes Üben von Einzelfertigkeiten erbringt meist nicht den erhofften Erfolg, die Steigerung der Lesekompetenz, eher im Gegenteil.
Das Training von Einzelfertigkeiten, deren Synthese allein der Schüler leisten muss, führt kaum zu einer Steigerung der Leselust. Lesen lernen wir nur durch Lesen und jeder Zwang wird eine geringe Lesemotivation nicht wachsen lassen.

Verstehen Sie die hier angebotenen Materialien eher als ein Ideen- und Übungsreservoir, aus dem Sie sich, den Bedürfnissen der Schüler entsprechend, bedienen.
Verstehen Sie die hier angebotenen Materialien als Angebot.
Die klassische 45-Minuten-Schulstunde ist dafür weniger geeignet.
Viele der Übungen können (und sollen) zudem unterstützt werden durch die ihnen geläufigen Übungen auf der **Wortebene** (Blitzlesen, Lotto, Bingo, Domino, Wort-Puzzle, Reimwörter-Memory, Wortratespiel, Nebelwörter, Wort für Wort rückwärts lesen, Übungen am PC (ZARB)) wie auch auf der **Satzebene** (Wortgrenzen in Satzschlagen einzeichnen, Pyramidensätze, Leserolle, Kleckstext, Nebeltext, Buchstaben austauschen, hinzufügen, weglassen, Angelspiel (Silben zu sinnvollen Wörtern zusammensetzen), Montagsmaler, Dudenübungen, Zuordnungsübungen, Lückentexte, Klammerkarten mit Fragen zum Text, Textabschnitte ordnen, Schlüsselwörter, Stichwortzettel zum Inhalt, Aussagen mit ausgeschnittenen Textstellen belegen ...).

Darüber hinaus können Sie im Rahmen der Leseförderung (die nicht auf das Fach Deutsch reduziert ist!) folgende ergänzende Aktivitäten anbieten:

- Vorlesen, stilles Lesen, Partnerlesen, Diskussion
- Leseversammlung, Austausch von Lesetipps, Vorstellung von Literatur
- Schmökerstunde
- Schreibkonferenz, kreatives Schreiben, Schreibwerkstatt
- Erarbeitung von eigenen Büchern, Binden eigener Bücher
- Schulradio, Videosequenz, Powerpoint-Präsentation
- Malen, Wandzeitungen, Spiele zu Texten

Und natürlich auch Übungen zu den hier gesammelten Texten verfassen, zum Beispiel:
Übungen, die Wahrnehmung und optische Differenzierung trainieren.
Übungen, die Sinnverständnis trainieren.
Übungen, die den Umgang mit dem Duden trainieren.
Übungen, die das auditive Gedächtnis trainieren.
Übungen, die Zuordnung Laut-Wortgestalt trainieren.

Übungen, die die Auseinandersetzung mit dem Inhalt trainieren.
Übungen die erfordern, Infos aus verschiedenen Quellen zu kombinieren.

Lassen Sie Ihre Schüler zuerst aus den Themen wählen:
Entdecker – Fliegen – Rund ums Handy – Rund ums Klopapier – Sex und Liebe.

Vielleicht bilden sich hier bereits Kleingruppen, denen Sie die verschiedenen Zugangsweisen zu einem Thema erklären. Lassen Sie Ihre Schüler wählen.
Die weitere Arbeit mit den Themen überlassen Sie Ihren Schülern, Sie sind Berater, Unterstützer. Sie erklären, wo nötig.
Binden Sie die Lesearbeit, wenn möglich, in Wochen- oder Arbeitspläne ein. Ermuntern Sie die Schüler, von ihrer Beschäftigung zu berichten, sie vielleicht auch zu dokumentieren.

Binden Sie die Texte in Ihre täglichen Frontalphasen ein:
Regelmäßiges Vorlesen im Unterricht kann eine erhöhte Lesebereitschaft bewirken. Den gleichen Effekt können Sie erzielen (gleichwohl hier das persönliche Moment fehlt), indem Sie die Texte (oder aber nur Textanfänge ...) aufzeichnen und einen MP3-Player zur Verfügung stellen.[13] Wenn Sie Computer zur Verfügung haben, können Sie dieses Medium zum gleichen Zweck benutzen.[14]
Vorlesen kann die basale Lesefertigkeit, das Interesse an Texten, die Lesemotivation und die persönliche Leseaktivität fördern.
Während in der Grundschule Vorlesen oft ein Ritual ist, findet es in den weiteren Klassen kaum mehr statt. Leider gehören Vorlesesituationen hier oft zu den Ausnahmen im Unterricht.
Dabei sind wir Lesevorbilder für unsere Schüler. Vorlesen schlägt eine Brücke zwischen leseschwachen Schülern und einem Text. Wir vermitteln zwischen Text und Schüler und können diese damit animieren, trotz Schwierigkeiten in die Lesearbeit einzusteigen.[15]

Jeder Schüler kann also in dem ihm gemäßen Tempo, zu selbst bestimmten Zeiten die Übungen bearbeiten. Jeder Schüler kann einen Mitschüler oder den Lehrer um Unterstützung bitten. Lerntandems können gebildet werden, die täglich eine bestimmte Zeit Übungen durchführen.

Die Lernatmosphäre, nicht auf Benotung ausgerichtet, ist angstfrei und eine weitere positive Voraussetzung für das Ablegen gelernter Selbstbilder („Ich kann das nicht").

Textmarker sind beim Lesen jedes Textes ein wichtiges Werkzeug.

Keiner der Texte ist vollständig, jeder Text kann fortgesetzt und bearbeitet werden.

Beim Sachtext zum Thema Klopapier beispielsweise (von zwei Jungs bearbeitet) kam in meiner Klasse die Frage auf: Was passiert denn jetzt mit dem ganzen Zeug?
Damit war das Thema Wasserkreislauf, Abwasser, Kläranlage aktuell und wollte bearbeitet werden. Nicht nur von den beiden Schülern, die sich mit diesem Thema beschäftigten. Das Thema wurde Klassenthema, keiner schlug das Angebot aus, sich mit dieser Sache zu beschäftigen. Das Thema kam aus der Klasse und nicht aus dem Lehrplan.

[13] Nichts, wirklich nichts, spricht gegen Kopfhörer im Klassenzimmer! Gerade Schüler mit einer geringen Aufmerksamkeitsspanne können auf diese Weise Außeneinflüsse besser ausblenden, sich mehr auf ein Thema fokussieren.

[14] Zudem können Sie mit entsprechender Autorensoftware mit vergleichsweise geringem Aufwand weitere Übungen zu den Lesethemen herstellen. Leseförderung immer öfter unter Einbezug digitaler Medien.

[15] Nicht nur Interesse und Neugier können geweckt werden, auch die Konzentration wird geübt.

Der Dienstagstext

Der Fragebriefkasten als Grundlage des Lese-, des Sach-, des Rechtschreibunterrichts wurde angesprochen. Der Dienstagstext soll Ihnen nun vorgestellt werden.

In den letzten Jahren gab es in meinen Klassen zu jedem Wochentag Texte. Waren es in der einen Klasse die Dienstagstexte, dann waren es im folgenden Jahr vielleicht Montagstexte. Eines aber war all diesen Texten gleich: Entstanden sind sie aufgrund von Fragen, die ich in der Fragenkiste fand. Eine verblüffende Vielfalt von Themen wird hier angesprochen: Warum riechen meine Füße? Was ist ein Orgasmus? Seit wann gibt es Pizza? Warum müssen wir sterben? – eine Tour d'Horizon durch Kultur, Sport, Sex, durch das Leben halt. Und jede Anfrage bittet um Antwort. Diese Antwort in Form eines Textes mit dazugehörigen Übungen zu geben, bietet sich nachgerade an. Ebenso, alle Schüler zu diesem Text einzuladen und nicht nur den Fragesteller. Also: Schreiben Sie für Ihre Kinder!

Schaffen Sie Bedingungen für eine dauerhafte Lesemotivation, indem Sie Ideen und Wünsche Ihrer Schüler aufgreifen. Begreifen Sie die Arbeit an der Lesekompetenz als einen dauerhaften Prozess, als einen Prozess, der nicht isoliert im Deutschunterricht stattfindet, sondern am gesamten Schultag abläuft. Erinnern Sie sich daran, dass Leseförderung ein Klima der Wertschätzung, nicht des Zensierens benötigt.

Benutzen Sie die hier versammelten Texte als Steinbruch. Bedienen Sie sich und damit Ihre Schüler.

Lassen Sie uns mit einem Experiment enden:

JedenfallswardieAngsttatsächlichdasgroßeThemameinerSchuljahre–einegigantischeBarriere. Weshalbmirspäter,alsLehrer,nichtsdringlicherwar,alsmeineSchülervonderAngstzuheilen–damitdieBarriereneingerissenwürdenunddasWisseneinströmenkönnte.[16]

[16] Pennac, D.: Schulkummer. Köln: KiWi 2010

1 Entdecker: Der Südpol sucht den Superstar

Einmal da hinkommen, wo noch nie vorher ein Mensch war.
Einmal wirklich der Erste sein!
Einmal wirklich die Erste sein!
Möchtest du das nicht auch?
Heute ist das auf der Erde nicht mehr möglich. Alles ist entdeckt, überall waren schon Menschen. Vor etwa einhundert Jahren war das noch nicht so. In vielen Urwäldern war noch nie ein Mensch gewesen. Auch am Südpol gab es keine Spuren von Menschen.
Der Südpol ist die südliche Spitze der Erde. Die Gegend um den Südpol herum heißt Antarktis.
Nun glauben wir ja, dass es im Süden schön warm ist. In Italien oder in Spanien sitzen wir im Urlaub am Meer in Badehosen und schwitzen. Aber so ist es nicht in der Antarktis, obwohl sie der südlichste Fleck der Erde ist. Dieser Kontinent ist kälter als eine Gefriertruhe. Im Sommer sind es hier ungefähr 20 Grad. Aber nicht warm, sondern kalt, also *minus* zwanzig Grad. Nirgendwo auf der Welt ist es kälter. Hier können Menschen nicht leben, hier gibt es keine Pflanzen und das Wasser gibt es auch nur als Eis. Dieses Eis ist viereinhalb Kilometer dick. Die meiste Zeit ist es dunkel. Ein eiskalter Wind pfeift über die riesige Eisfläche. Zu sehen ist nichts außer Eis – Eis und Schnee: Wer will hier schon hin? Deutschland sucht den Superstar? Der Gewinner wird ja doch kein Star. Aber wer zuerst zum Südpol kommt, der wird wirklich berühmt, vielleicht sogar reich.
Deswegen wollten da vor etwa 100 Jahren gleich zwei Teams hin. Diese zwei Teams haben sich ein richtiges Wettrennen geliefert.
Das eine Team war aus Norwegen. Der Teamchef hieß Amundsen. Das andere Team war aus England. Der Teamchef hieß Scott. Der Kampfplatz: die Antarktis. Robert Scott fuhr mit seinem Schiff 1910 in England los. In der Antarktis ging es mit Motorschlitten und zu Fuß

weiter. Pferde hatte dieses Team auch dabei. Die Motorschlitten gingen in der Kälte schnell kaputt. Die Pferde ertrugen die Kälte auch nicht. Deshalb musste das Team Scott schon bald die Schlitten selbst ziehen.
Amundsen hatte früher schon andere Expeditionen durchgeführt. Von den Inuits hatte er gelernt, dass Schlittenhunde zuverlässig sind und die Kälte aushalten. Außerdem hatte er gelernt, aus Robbenfellen Kleidung zu machen, die auch in der furchtbarsten Kälte noch warm hält. Das Team Amundsen hatte also Kleidung aus Robbenfellen und Schlittenhunde. Diese Hunde kann man auch essen, wenn es nichts anderes mehr gibt. Das Team bestand aus Amundsen und vier weiteren Männern auf Skiern, 50 Hunden und 4 Schlitten.
Das englische Team schaffte am Tag nur 15 Kilometer. Das norwegische Team schaffte dreißig.
Amundsen war ein schlechter Schüler. Aber schon damals träumte er davon, einmal Polarforscher zu werden. Aus diesem Grund trainierte er schon als Kind: Er setzte sich im Winter lange in den Schnee, um die Kälte zu ertragen.

Amundsen hatte sein Unternehmen ganz genau geplant. Sein Team errichtete zuerst ein Lager. Er taufte es Framheim. Dann legte das Team Vorratslager im Landesinneren an. Diese Vorbereitung dauerte viele Monate.
Ungefähr 3000 Kilometer mussten das englische und das norwegische Team schaffen – hin und zurück. Eisstürme, Nebel, Gletscherspalten, Schneestürme.
Übernachtet wurde im Zelt. Es gab kein Bad, kein Klo – nur Kälte. Ach ja: Handys gab es auch noch keine, keinen Pizzaservice und kein Taxi. Alles mussten diese Männer selbst machen. Niemand konnte ihnen in der Eiswüste helfen. Alle Männer hatten

Frostbeulen. Nicht nur an den Füßen, auch die Hände und sogar die Gesichter waren verfroren.
Über ein Gebirge mussten die Teams auch noch, über das Transantarktische Gebirge. An dieser Stelle dreitausend Meter hoch und eiskalt. Die Hunde hatten die schwerste Arbeit, sie mussten im Schneesturm die Schlitten ziehen. Hunde, die schwach wurden, wurden vom Team geschlachtet und gegessen. Das Team Amundsen hatte keine andere Möglichkeit, wenn es überleben wollte.
Am 4. Dezember mussten die Männer auf einem sehr schwierigen Gelände über Eisspalten ziehen. Diesen Platz nannten sie „Tanzboden des Teufels“. Einhundertsechzig Kilometer waren es noch bis zum Südpol. Amundsen schrieb in sein Tagebuch: „Wir blieben heute länger liegen, um uns für den letzten Anlauf zu stärken.“
Und sie haben es geschafft!
Am 14. Dezember 1911 erreichte das Team Amundsen den Südpol. Sie ließen am Pol ein überflüssiges Zelt als Kennzeichnung zurück. In dem Zelt waren zwei Briefe. Einer war an Scott und einer an den norwegischen König gerichtet. Mit 11 überlebenden Schlittenhunden erreichten Amundsen und sein ganzes Team ihr Basislager. Das schrieb Amundsen in sein Tagebuch: „Seit meiner Kindheit träume ich davon, den Nordpol zu erreichen, nun stehe ich auf dem Südpol.“

In seiner Heimat wurde Amundsen mit großem Jubel empfangen.
Und das andere Team? Scott und seine Männer erreichen am 18. Januar 1912 den Südpol. Vier Wochen später. Und was findet das englische Team?
Ein Zelt mit zwei Briefen und die norwegische Flagge. Die Männer waren natürlich furchtbar enttäuscht. Aber es wurde noch schlimmer: Der ganze Rückweg endete für dieses Team in einer Katastrophe. Alle Teilnehmer starben. Scott, der Chef, starb nur achtzehn Kilometer von seinem Basislager entfernt.

1 a) **Kennst du die richtige Antwort?**

Schau im Text nach und schreibe auf.

① Woraus bestand die Kleidung vom Team Amundsen?

② Wie heißt die Gegend um den Südpol herum?

③ Wie hieß der Teamchef aus England?

④ Welche Tiere hatte Scotts Team mitgenommen?

⑤ An welchem Tag genau erreichte das Team Amundsen den Südpol?

⑥ Was hinterließ Amundsens Team am Südpol?

⑦ Wie viele Kilometer schaffte das englische Team am Tag?

⑧ Welchen Namen gab Amundsen seinem Lager?

⑨ Wo übernachteten die Entdecker?

1 **b) Fragen und Antworten: Was gehört zusammen? Verbinde.**

①	Woraus bestand die Kleidung vom Team Amundsen?	Der Teamchef hieß Scott.	ⓐ
②	Wie heißt die Gegend um den Südpol herum?	Es waren ein Zelt und zwei Briefe.	ⓑ
③	Wie hieß der Teamchef aus England?	Sie schliefen in Zelten.	ⓒ
④	Welche Tiere hatte Scotts Team mitgenommen?	Am Tag waren es 15 Kilometer.	ⓓ
⑤	An welchem Tag genau erreichte das Team Amundsen den Südpol?	Die Kleidung bestand aus Robbenfell.	ⓔ
⑥	Was hinterließ Amundsens Team am Südpol?	Die Gegend heißt Antarktis.	ⓕ
⑦	Wie viele Kilometer schaffte das englische Team am Tag?	Am 14. Dezember 1911.	ⓖ
⑧	Welchen Namen gab Amundsen seinem Lager?	Es hieß Framheim.	ⓗ
⑨	Wo übernachteten die Entdecker?	Dieses Team hatte Pferde dabei.	ⓘ

2 **Richtig oder falsch?**

Markiere wahre Aussagen grün, falsche Aussagen rot.

① Die Antarktis liegt ganz im Norden der Erde.

② Das Team Scott verlor das Rennen zum Südpol.

③ Das Eis am Südpol kann bis zu viereinhalb Meter dick werden.

④ Das Team Amundsen hatte Kleidung aus Robbenfellen.

⑤ Scott fuhr mit seinem Schiff 1910 in England los.

⑥ In seiner Heimat wurde Scott mit großem Jubel empfangen.

⑦ Amundsen nannte sein Lager Eishaus.

⑧ Scott erreichte den Südpol am 14. Dezember 1911.

⑨ Scott findet im Zelt am Südpol Brote von Amundsen.

⑩ Die Robben mussten die Schlitten ziehen.

Berichtige die falschen Aussagen: Wie muss es richtig heißen?

★ **Zusatzaufgabe:**

Schreibe weitere wahre und falsche Sätze zum Text auf.

Lasse einen Mitschüler lösen.

3 Das Kreuzworträtsel

Achtung: ß = ß; Ü = Ü

waagerecht

3 So viele Kilometer schaffte das norwegische Team an einem Tag
5 Das norwegische Team hatte Kleidung aus ...
6 So heißt die Beule, die man bei starker Kälte bekommen kann
7 Die Schlitten der Engländer
9 Die Hunde, die die Forscher mitnahmen, heißen ...
10 So heißt der südlichste Punkt der Erde
11 So heißt der Kontinent um den Südpol
12 Aus diesem Land kam das Team von Scott

senkrecht

1 So hieß der norwegische Teamchef
2 Aus diesem Land kam das Team von Amundsen
4 Amundsen und Scott waren ...
8 So viele Kilometer dick ist das Eis in der Antarktis
10 So hieß der englische Teamchef

4 Zahlen

Im Text findest du viele Zahlen.
Da gibt es Zahlen, die als Wörter geschrieben sind (Beipiel: vier).
Und es gibt Zahlen, die als Ziffern geschrieben sind (Beispiel: 4).

Markiere die Zahlen im Text farbig.

★ Zusatzaufgabe:

Fülle die Tabelle: Suche die Zahlen aus dem Text und trage sie ein.
In die linke Spalte schreibst du das Zahlwort aus dem Text. In der rechten Spalte schreibst du die Ziffer dazu. Umgekehrt genauso.

Zahlwort	Ziffer
einhundert	100
	20

5 **Schau nach: In welcher Reihenfolge stehen die Sätze im Text?**

	Die Motorschlitten gingen in der Kälte schnell kaputt.
	Einmal wirklich der Erste sein!
	Alle Männer hatten Frostbeulen.
	Es gab kein Bad, kein Klo – nur Kälte.
	Der ganze Rückweg endete für dieses Team in einer Katastrophe.

6 **Geheimschrift: Sicher kannst du diese Wörter lesen.**
Finde sie in der Geschichte und markiere sie farbig.

Südpol	England
Antarktis	Scott
Italien	Motorschlitten
Badehosen	Eskimo
Gefriertruhe	Schlittenhund
fünfundfünfzig	Robbenfell
viereinhalb	Polarforscher
Wettrennen	Eiswüste
Norwegen	Frostbeule
Amundsen	Katastrophe

7 **Was passt nicht dazu? Streiche durch.**

a) Schnee – Urwald – Schneesturm

b) Eisschicht – Eisspalte – Eisschrank

c) Südpol – Urlaub – Basislager

d) warm – verfroren – minus

8 **Welche Wörter verbergen sich in den Rätseln? Schreibe auf.**

Der erste Buchstabe ist **fett** gedruckt.

a)

h	c	s
i	u	s
c	v	i
h	t	**E**

b)

b	o	t
s	s	p
i	a	l
E	t	e

c)

s	f	l
i	ä	c
E	h	e
n	b	z

d)

w	ü	s
s	y	t
i	**E**	e
x	a	c

9 **Trenne die Wörterschlange und schreibe richtig auf.**

Einmaldahinkommen,wonochnievorhereinMenschwar!EinmalwirklichderErste sein!EinmalwirklichdieErstesein!Möchtestdudasnichtauch?

10 Das Suchrätsel

Zehn Wörter aus dem Text sind hier versteckt. Markiere sie.

> Antarktis – Eis – Eisfläche – eiskalt – Eisschicht – Eisspalte – Eisstürme – Eiswüste – Frostbeulen – minus

P	k	n	L	F	n	e	p	O	N	d	ö	x	E	E	d	h	r	D	p
Ä	Y	J	O	x	Z	I	w	U	t	f	N	V	i	H	ö	V	m	W	i
X	z	N	W	G	d	b	l	C	X	K	X	x	s	n	ä	e	j	m	P
Ä	X	E	i	s	f	l	ä	c	h	e	l	l	w	x	t	r	m	x	S
h	f	j	V	O	A	e	Z	ö	g	k	b	C	ü	A	K	p	i	L	P
A	H	m	s	U	n	i	O	Y	s	Q	D	u	s	D	b	v	n	w	a
Q	c	o	e	I	t	s	b	Z	S	z	h	h	t	n	H	t	u	S	F
T	ä	X	p	A	a	k	A	F	X	Q	Q	O	e	m	S	r	s	l	l
G	D	L	S	I	r	a	k	r	V	e	Ä	g	B	E	B	S	M	p	ö
X	R	o	K	k	k	l	m	o	m	s	i	H	z	i	a	T	r	E	e
U	e	Q	v	Ä	t	t	Q	s	ö	ö	o	g	a	s	b	M	p	m	i
A	F	f	F	A	i	b	W	t	ö	B	p	m	r	s	C	t	X	ö	V
A	X	Z	R	l	s	s	T	b	k	k	ü	Ü	c	c	z	x	I	n	d
d	K	ö	N	l	r	J	p	e	v	y	U	G	k	h	k	F	I	J	L
X	ü	m	T	O	c	F	b	u	U	Ü	T	N	ö	i	Y	f	E	T	F
p	A	h	u	O	l	E	F	l	J	L	L	x	u	c	L	D	s	e	g
E	i	s	s	t	ü	r	m	e	z	ü	g	F	p	h	Y	V	r	I	E
P	o	L	I	m	h	v	K	n	X	B	y	Ö	Ä	t	R	ä	N	O	A
X	ö	k	g	K	Ä	E	i	s	C	y	t	S	Ü	c	t	I	R	l	h
b	p	x	F	M	H	D	h	ä	E	i	s	s	p	a	l	t	e	R	Z

11 **Augengymnastik I.**

Immer zwei Hunde sind gleich.

Markiere diese mit der gleichen Farbe.

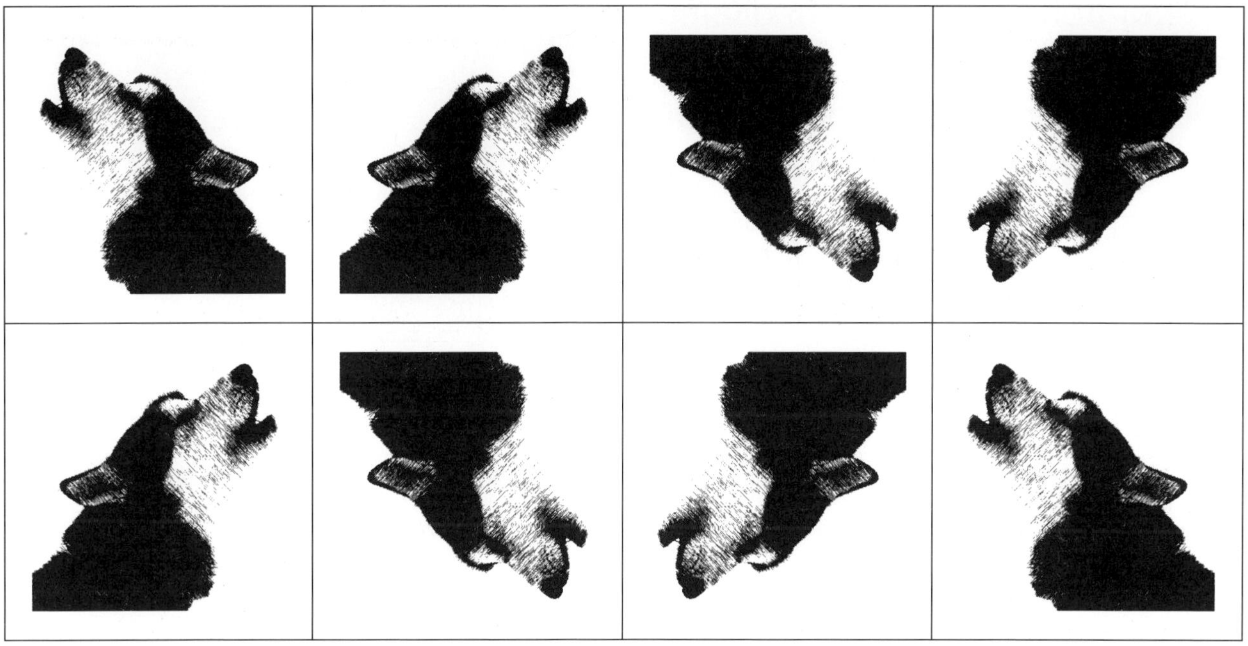

12 **Augengymnastik II.**

Wie kommt der Hund zu seiner Hütte?

I Entdecker: Ein Schlittenhund auf dem Weg zum Südpol

Bis zum Jahre 1910 habe ich in Grönland gelebt. Dort gehörte ich zu einer großen Hundefamilie. Eines Tages wurden ich und weitere neunundneunzig Hunde verkauft. Ich war froh, dass ich nicht alleine weg musste. Meine Brüder, Schwestern, Onkel, Cousins, Tanten und Vettern kamen mit. Im Juli wurden wir mit einem Schiff nach Norwegen geschickt. Das war sehr unangenehm, denn dort ist es für uns viel zu warm. Ich bin nämlich ein Schlittenhund und gehöre ins Eis.

Kaum waren wir in Norwegen angekommen, ging es in Kristiansand wieder auf ein Schiff. Das Schiff hieß Fram. Wir lebten fast ein halbes Jahr dort. Uns ging es gut. Das Essen war prima und wir waren nicht alleine. Wir fuhren von Norwegen über Madeira zur Bucht der Wale.
Als wir das Schiff verlassen konnten, freuten wir uns: Schnee und Eis so weit das Auge reichte. Kalt war es – aber wir haben ja ein gutes Fell.
Jetzt ging es mit der Arbeit los: Wir Hunde sollten Schlitten ziehen. Immer Richtung Süden.
Zuerst wurde ein Lager errichtet. Die Männer nannten es Framheim.
Wir nannten es Menschenhütte. Sie war genau sieben Komma acht Meter lang und drei Komma neun Meter breit. Die Schlitten waren ganz schön schwer, etwa 35 Kilogramm. Wenn sie dann noch beladen waren, waren sie natürlich noch schwerer. Die Ausrüstung und Ladung auf den Schlitten benutzten die Menschen, um sogenannte Depots, also Lager, zu errichten. Die Depots wurden immer genau auf den einzelnen Breitengraden angelegt. Es gab eines auf 80° Süd, eines auf 81° und eines auf 82°.

Wir hatten die Aufgabe, die vielen Vorräte zu den Lagern und Depots zu ziehen. Mittlerweile hatten wir Hunde auch herausgefunden, wo es hingehen sollte: zum Südpol! Dort war noch nie ein Mensch gewesen.
Wir verbrachten den ganzen Polarwinter (die Zeit von April bis September) in Framheim.
Die Menschen buddelten sich ein ganzes Labyrinth von Gängen unter dem Eis. Dort waren sie die meiste Zeit.

Wir spielten draußen oder buddelten uns unsere eigenen kleinen Höhlen. Erst im Oktober fängt der Frühling in der Antarktis an und dann zogen wir los. Immer in Richtung Süden. Wir fanden unsere Depots wieder und konnten dort lecker Fleisch essen. Auf dieser Reise waren wir zweiundfünfzig Hunde und fünf Männer, der Chef hieß Roald Amundsen.

Viele Eisspalten und Löcher machten die Reise gefährlich.
Aber für uns Hunde war etwas anderes gefährlich. Wenn einer von uns schlapp machte, wurde nicht gewartet.
Bald waren von uns nur noch zweiundvierzig übrig. Das Fleisch der gestorbenen Hunde wurde an uns und die Menschen verfüttert.

Die Berge und die Gletscher, die wir überquerten, bekamen alle Namen.
Die Namen wurden von den Menschen erfunden.
Als wir gedacht hatten, jetzt wäre die schlimmste Zeit vorbei, kamen wir an einen Platz, der ‚Metzgerei' getauft wurde. Kannst du dir denken, woher der Name kommt?
Es blieben genau noch achtzehn Hunde übrig. Dann kam noch ein schwieriges Stück. Die Männer nannten es Teufelsgletscher.

Mitte Dezember (wir waren jetzt schon über acht Wochen unterwegs) erreichten wir das Ziel. Mitten im Eis errichteten die Männer dann ein Zelt mit einer Fahne darauf. Hier war er also, der Südpol.
Wir hatten ein paar Tage Pause.

Der Rückweg war leichter, es ging mehr bergab. Das war gut so, denn wir waren nicht mehr viele.

Im Januar 1912 sind wir dann wieder in Framheim angekommen.
Von den hundert Hunden hatten die Reise genau elf von uns überlebt.
Die Reise hatte am Schluss neunundneunzig Tage gedauert, und war über dreitausend Kilometer lang.

1 Wahr oder falsch?

Markiere wahre Aussagen grün, falsche Aussagen rot.

① Die Schlittenhunde kamen aus Amerika.

② Die Reise ging zum Nordpol.

③ Das Schiff hieß Fram.

④ Eisspalten und Löcher machten die Reise gefährlich.

⑤ Im Januar beginnt der Frühling in der Antarktis.

⑥ Vorher war noch nie ein Mensch am Südpol gewesen.

⑦ Elf Hunde hatten die Reise überlebt.

⑧ Die Hunde mussten Schiffe ziehen.

Berichtige die falschen Aussagen: Wie muss es richtig heißen?

★ Zusatzaufgabe:

Schreibe weitere wahre und falsche Sätze zum Text auf.
Lasse einen Mitschüler lösen.

2 Das Rätsel

Achtung: Ü = Ü

1 Das schützt die Hunde vor Kälte
2 Den mussten die Hunde ziehen
3 Er war der erste Mensch am Südpol
4 Südlichster Punkt der Erde
5 Eine Vorratsstation nennt man auch so
6 Die mussten die Schlitten ziehen
7 So hieβ Amundsens Schiff
8 Eine Station auf der Schiffsreise

3 **Schau nach: In welcher Reihenfolge stehen die Sätze im Text?**

	Dort gehörte ich zu einer großen Hundefamilie.
	Wir nannten es Menschenhütte.
	Ich bin nämlich ein Schlittenhund und gehöre ins Eis.
	Der Rückweg war leichter, es ging mehr bergab.
	Viele Eisspalten und Löcher machten die Reise gefährlich.

4 **Geheimschrift: Sicher kannst du diese Wörter lesen.**

Finde sie in der Geschichte und markiere sie farbig.

Amunbsen	Antɒɿʞtis
Ausɿüstunɡ	Иoɿweɡen
Ɑeqots	Ǝis
Ǝisspɒlten	ꟻell
ꟻleisɔh	ꟻɿɒmheim
ᘓletsɔheɿ	ᘓɿönlɒnd
Hunbe	ꓘɿistiɒnsɒnd
ꟼolɒɿwinteɿ	Ƨɔhlittenhund
Ƨɔhlitten	Ƨɔhiꟻꟻ
Ƨübqol	Teufelsgletsɔheɿ

5 **Male die Geschichte als Comic.**

6 **Recherchiere im Internet:**

Finde eine Karte mit der Reiseroute von Amundsen.

Mache dir Stichpunkte zu der Reise und berichte in der Klasse.

2 Fliegen: Abenteurer der Lüfte

Hast du in der Fußgängerzone schon mal diesen Straßenkünstler gesehen? Der schwebt einfach über dem Boden. Das macht er stundenlang.
Einfach so schweben oder fliegen kann er natürlich nicht – das ist ein Trick (aber ein ganz schön toller Trick).
Die Menschen wollten schon immer schweben oder fliegen, aber das geht nicht so einfach. Wenn ich einen Ball in die Luft werfe, fällt er runter. Auch dein Mäppchen liegt auf dem Tisch und fliegt nicht einfach an die Decke des Klassenzimmers.
Viele Forscher beschäftigten sich mit dem Fliegen.
Vor etwa 400 Jahren waren es vor allem zwei Männer, die herausfanden, warum das so ist. Zunächst war es Galileo Galilei, später Isaac Newton. Die Kraft, die sie entdeckten, war die Anziehungskraft.
Die sorgt dafür, dass Dinge, Menschen und Tiere auf der Erde bleiben und nicht von der Erde weg ins Weltall fliegen. Sie sorgt auch dafür, dass die Erde immer um die Sonne kreist. Du weißt ja: Dafür braucht sie genau ein Jahr.
Außerdem fanden die Forscher heraus: Die Sonne ist größer als die Erde. Also hat die Sonne mehr Anziehungskraft. Aber die Erde ist größer als der Mond, also hat die Erde mehr Kraft – sechsmal mehr.
Je größer also ein Himmelskörper ist, desto mehr Anziehungskraft hat er.[1]
Wenn ich auf der Erde sechzig Kilogramm (kg) wiege und mir ist das zu viel, dann brauche ich nur auf den Mond zu fliegen. Da wiege ich dann sechsmal weniger – also nur noch zehn Kilogramm. Und das, ohne auf Schokolade und andere Süßigkeiten verzichten zu müssen.

Aber: Um auf den Mond zu kommen, muss ich fliegen. Leider – oder zum Glück – gibt es aber die Anziehungskraft auf der Erde, die hält mich fest.
„Hmm – aber die Vögel können doch auch fliegen", haben sich die Menschen gedacht. Also haben sie versucht, es so wie die Vögel zu machen. Sie haben sich Flügel aus Federn gebastelt und sind von Türmen heruntergesprungen. Aber schwups: die Schwerkraft ...

[1] Du kannst dir das so vorstellen: Je größer der Körper, desto größer die Muskeln.

In einer Geschichte wird erzählt, dass Dädalus seinem Sohn Ikarus große Flügel aus Federn gebaut hat. Die Federn hat er mit Wachs zusammengeklebt. Ikarus ist dann aber zu nah an die Sonne geflogen, das Wachs ist geschmolzen, die Flügel waren kaputt und Ikarus ist abgestürzt. Mit den Flügeln war das also nichts. Die Anziehungskraft hält uns einfach an der Erde fest.

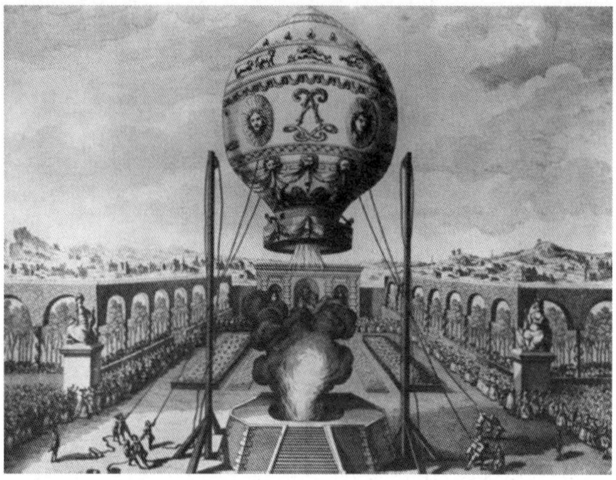

Warme Luft steigt nach oben. Lasse ich die warme Luft in eine große Tüte strömen, dann fliegt die Tüte nach oben. Wenn das eine ganz große Tüte ist? Dann habe ich einen Heißluftballon. Genau das haben zwei Brüder versucht. Sie hießen Montgolfier und ließen 1783 einen Ballon 300 Meter hoch fliegen. Aber so ein Ballon fliegt natürlich nur dahin, wo der Wind ihn hinpustet. Lenken kann man ihn nicht. Vögel können fliegen, obwohl sie nicht mit heißer Luft gefüllt sind – und lenken können sie auch. Vielleicht ist es das Geheimnis, wie die Flügel aussehen? Genau das fand ein Deutscher heraus. Er hat sich die Flügel von Vögeln ganz genau angesehen. In groß baute er sie dann nach – und ist geflogen! Richtig geflogen! Dieser Erfinder hieß Otto Lilienthal. Aber leider ist passiert, was in der Geschichte des Fliegens immer wieder passiert: Am 9. August 1896 stürzte der Flieger Lilienthal aus etwa 15 Metern ab und war tot.

Dieser Otto Lilienthal hat etwas ganz Wichtiges entdeckt: Fliegen kann man, wenn die Flügel die richtige Form haben und wenn man schnell ist. Also braucht man einen Motor. Diesen entwickelten wieder einmal zwei Brüder. Sie haben schon ein richtiges Flugzeug gebaut. Sie erinnerten sich, wie die Flügel sein müssen und bauten einen Motor ein. Jetzt war das Flugzeug schnell und konnte wirklich fliegen. Am 17. Dezember 1903 sind die Brüder Wright[2] losgeflogen: sechsunddreißig Meter weit und zwölf Sekunden lang. Der Motorflug war erfunden!

[2] Das spricht du so: „Rait“

2 Fliegen: Abenteurer der Lüfte

Heute fliegt ja alles Mögliche in der Luft: Düsenflugzeuge, Propellerflugzeuge, Flugdrachen, Passagierflugzeuge, Kriegsflugzeuge und so weiter. Alle fliegen nur deshalb, weil die Flügel die richtige Form haben und weil die Flugzeuge schnell genug sind. Nur deswegen können sie sich gegen die Anziehungskraft wehren.
Das *schnellste* Flugzeug der Welt heißt Amsel (englisch: blackbird). Es fliegt 3530 Kilometer in der Stunde. Das *größte* Passagierflugzeug der Welt heißt Airbus 380. Auf deutsch bedeutet das Luftbus. Genau das ist dieses Flugzeug: ein riesengroßer Bus.
Dieses Flugzeug hat zwei Stockwerke und es passen bis zu 850 Menschen hinein. In den Tank dieses Monstrums gehen 315 000 Liter Benzin. Was da wohl eine Tankfüllung kostet?
Dann gibt es noch die Flugzeuge der sehr reichen Menschen. Sie lassen sich in ihre Flugzeuge alles einbauen, was man sich nur vorstellen kann: einen Kinosaal, Wohnzimmer, Schlafzimmer, Bad. Natürlich gibt es da auch Fernseher, Videospiele und einen Internetanschluss.
Lange hat es gedauert, bis wir Menschen endlich fliegen konnten. Bis uns die Anziehungskraft nicht mehr am Boden festhalten konnte. Jetzt fliegen die Menschen in der ganzen Welt herum. Überall gibt es Flugplätze. Und überall gibt es Probleme: Die Flugzeuge machen nämlich Krach. Stell dir einmal vor, du wohnst neben einem Flugplatz. Außerdem erzeugen die Motoren der Flugzeuge viele Abgase. Diese Abgase sind sehr schlecht für unser Klima.
Wir können heute, wenn wir das Geld haben, überall hinfliegen. Aber ob das gut ist?

2 Fliegen: Abenteurer der Lüfte

1 a) **Kennst du die richtige Antwort?**

Schau im Text nach und schreibe auf.

① Wie hießen die Forscher, die vor ungefähr 400 Jahren herausfanden, warum alle Dinge nach unten fallen?

② Wie lange braucht die Erde, um einmal um die Sonne zu „fliegen“?

③ Warum ist Ikarus abgestürzt?

④ Ein deutscher Erfinder hat sich die Flügel von Vögeln ganz genau angesehen. Aber leider ist er am 9. August 1896 abgestürzt.
Wie hieß der Erfinder?

⑤ 1783 versuchten zwei Brüder zu fliegen. So haben sie es gemacht:

⑥ Am 17. Dezember 1903 flogen zwei Brüder mit einem Flugzeug mit Motor. Wie hießen diese Brüder?

⑦ Heute gibt es ein Flugzeug, das fliegt 3530 Kilometer in der Stunde. Es heißt wie ein Vogel.

⑧ Wie viele Menschen passen in den Airbus 380?

Zeichne auf: Stell dir vor, du bist Millionär.
Was lässt du dir alles in dein Flugzeug einbauen?
Male ein Bild dazu.

1 b) Fragen und Antworten: Was gehört zusammen? Verbinde.

①	Wie hießen die Forscher, die vor ungefähr 400 Jahren herausfanden, warum alle Dinge nach unten fallen?	Er hieß Otto Lilienthal.	ⓐ
②	Wie lange braucht die Erde, um einmal um die Sonne zu „fliegen“?	Es sind bis zu 850 Menschen.	ⓑ
③	Warum ist Ikarus abgestürzt?	Sie hießen Wright.	ⓒ
④	Ein deutscher Erfinder hat sich die Flügel von Vögeln ganz genau angesehen. Aber leider ist er am 9. August 1896 abgestürzt. Wie hieß der Erfinder?	Sie ließen heiße Luft in einen Ballon hineinströmen. So konnte der Heißluftballon fliegen.	ⓓ
⑤	1783 versuchten zwei Brüder zu fliegen. So haben sie es gemacht:	Es heißt Amsel (englisch: blackbird).	ⓔ
⑥	Am 17. Dezember 1903 flogen zwei Brüder mit einem Flugzeug mit Motor. Wie hießen diese Brüder?	Sie hießen Galileo Galilei und Isaac Newton.	ⓕ
⑦	Heute gibt es ein Flugzeug, das fliegt 3530 Kilometer in der Stunde. Es heißt wie ein Vogel.	Das Wachs ist geschmolzen.	ⓖ
⑧	Wie viele Menschen passen in den Airbus 380?	Sie braucht ein Jahr.	ⓗ

2 **Wahr oder falsch?**

Markiere wahre Aussagen grün, falsche Aussagen rot.

① Wenn ich einen Ball in die Luft werfe, bleibt er oben.

② Vor 400 Jahren lebte der Forscher Galileo Galilei.

③ Die Erde ist größer als die Sonne.

④ Der Sohn von Dädalus hieß Ekarus.

⑤ Die Brüder Montgolfier ließen 1739 einen Ballon 300 Meter hoch fliegen.

⑥ Otto Lilienthal starb bei einem Sturz aus 15 Metern Höhe.

⑦ Es gab noch zwei Flugbrüder. Sie hießen Wright.

⑧ Das schnellste Flugzeug der Welt heißt Ameise.

⑨ Das größte Passagierflugzeug der Welt heißt Airbus 380.

⑩ Die Motoren der Flugzeuge erzeugen Abgase.

Berichtige die falschen Aussagen: Wie muss es richtig heißen?

★ **Zusatzaufgabe:**

Schreibe weitere wahre und falsche Sätze zum Text auf.

Lasse einen Mitschüler lösen.

3 **Schau nach: In welcher Reihenfolge stehen die Sätze im Text?**

	Die Kraft, die sie entdeckten, war die Anziehungskraft.
	Wenn ich einen Ball in die Luft werfe, fällt er runter.
	Dieser Erfinder hieß Otto Lilienthal.
	Außerdem erzeugen die Motoren der Flugzeuge viele Abgase.
	Die Sonne ist größer als die Erde.

4 **Geheimschrift: Sicher kannst du diese Wörter lesen.**
Finde sie in der Geschichte und markiere sie farbig.

ƨɔɥwɘbɘn	ʇliɘɡɘn
Anziɘɥunɡƨʞɿaʇʇ	Monb
Vöɡɘl	ꟻlüɡɘl
Heiꞵluʇʇdallon	Ᏻɘɥɘimniƨ
⅃iliɘnʇɥal	Motoɿ
ꟻluɡzɘuɡ	Motoɿꟻluɡ
ꟻluɡbɿaɔɥɘn	Adɡaƨɘ

5 **Was passt nicht dazu? Streiche durch.**

a) Mond – Ikarus – Federn – Wachs

b) Ballon – kalte Luft – Montgolfier – 300 Meter hoch

c) Galileo Galilei – erster Motorflug – 36 Meter weit

d) Flügel – Vögel – Otto Lilienthal – Motor

6 **Welche Wörter verbergen sich in den Rätseln? Schreibe auf.**

Der erste Buchstabe ist **fett** gedruckt.

a)

f	l	u
r	a	g
o	x	b
t	o	**M**

b)

e	z	t
s	**f**	l
n	a	i
e	g	e

c)

l	k	a
s	u	r
i	m	e
w	b	z

d)

s	b	a
u	g	t
e	**F**	l
z	g	u

7 **Trenne die Wörterschlange und schreibe richtig auf.**

Langehatesgedauert,biswirMenschenendlichfliegenkonnten.Bisunsdie AnziehungskraftnichtmehramBodenfesthaltenkonnte.Jetztfliegendie MenschenüberallinderganzenWeltherum.

8 Zahlen

Im Text findest du viele Zahlen.
Da gibt es Zahlen, die als Wörter geschrieben sind (Beispiel: acht).
Und es gibt Zahlen, die als Ziffern geschrieben sind (Beispiel: 8).

Markiere die Zahlen im Text farbig.

★ Zusatzaufgabe:

Fülle die Tabelle: Suche die Zahlen aus dem Text und trage sie ein.
In die linke Spalte schreibst du das Zahlwort aus dem Text. In der rechten Spalte schreibst du die Ziffer dazu. Umgekehrt genauso.

Zahlwort	Ziffer
vierhundert	400
zwei	

9 Augengymnastik I.

Auf welchem Weg kommt der Vogel in sein Häuschen?

10 Augengymnastik II.

Immer zwei fliegende Tiere sind gleich.
Male sie mit der gleichen Farbe an.

11 Lies den Text laut.

Achtung! Bei manchen Wörtern sind die Buchstaben durcheinandergeraten. Der erste und der letzte Buchstabe sind aber mindestens immer richtig.

Die Mhesecnn wollten schon immer sbcwheen oder fliegen, aber das geht nicht so einfach.

Die Ahrnisfnuagekzt sorgt dafür, dass Dinge, Menschen und Tiere auf der Erde bleiben und nicht von der Erde weg ins Wtleall fliegen.

In einer Gcehistche wird erzählt, dass Dädalus seinem Sohn Ikarus große Fglüel aus Federn gebaut hat. Die Federn hat er mit Wahcs zusammengeklebt. Ikarus ist dann aber zu nah an die Snone geflogen, das Wachs ist geschmolzen, die Flügel waren kuatpt und Ikarus ist abgestürzt.

Otto Lilienthal hat etwas gnaz Wichtiges entdeckt: Fliegen kann man, wenn die Flgüel die richtige Form haben und wenn man scnlehl ist. Also braucht es einen Mootr.

Zwei Brdüer haben ein richtiges Fgeluzug gebaut. Sie haben dran gedacht, wie die Flügel sein msüesn und haben einen Motor eingebaut. Jetzt war das Flugzeug schnell und konnte wikilrch fliegen.

★ Zusatzaufgabe:

Wie muss es richtig heißen?
Schreibe die falschen Wörter hier richtig auf.

____

____

____

____

12 Tabellen und Diagramme

In der Tabelle unten kannst du sehen, wie viel Kohlendioxid pro Flug und pro Person erzeugt wird.[1]
Nimm dir einen Atlas zu Hilfe und fliege die Strecken auf der Landkarte nach.

Start	Ziel	So viel Kohlendioxid wird erzeugt	Entfernung (Luftlinie)	Flughöhe
Stuttgart	Madrid	370 kg	1378 km	9750 m
Stuttgart	New York	2100 kg	6353 km	10500 m
Stuttgart	Rom	250 kg	808 km	9000 m
Stuttgart	Frankfurt/Main	60 kg	152 km	6750 m
Stuttgart	Belgrad	290 kg	965 km	9000 m
Stuttgart	Ankara	540 kg	2113 km	9500 m
Stuttgart	Tirana	330 kg	1180 km	9750 m

13 Wahr oder falsch?

Markiere wahre Aussagen grün, falsche Aussagen rot.

① Von Stuttgart nach Tirana sind es eintausendeinhundertachtzig km.

② Von Ankara nach Stuttgart erzeugt das Flugzeug fünfhundertzwanzig kg Kohlendioxid.

③ Von Stuttgart nach Madrid fliegt das Flugzeug neuntausendsiebenhundertfünfzig m hoch.

④ Von New York nach Stuttgart sind es sechstausenddreihundertdreiundvierzig km.

⑤ Von Stuttgart nach Rom fliegt das Flugzeug neuntausend m hoch.

★ Zusatzaufgabe:

Schreibe weitere wahre und falsche Sätze zur Tabelle auf ein extra Blatt. Lasse einen Mitschüler lösen.

[1] Du kannst selbst im Internet nachsehen: www.atmosfair.de/

2 Fliegen: Karlsson vom Dach[1]

In Stockholm, in einer ganz gewöhnlichen Straße, in einem ganz gewöhnlichen Haus, wohnt eine ganz gewöhnliche Familie und die heißt Svantesson. Dazu gehören ein ganz gewöhnlicher Papa und eine ganz gewöhnliche Mama und drei ganz gewöhnliche Kinder, Birger, Betty und Lillebror.

„Ich bin überhaupt kein gewöhnlicher Lillebror", sagt Lillebror. Aber das stimmt nicht. Er ist wirklich ein ganz gewöhnlicher Junge. Es gibt so viele Jungen, die sieben Jahre alt sind und blaue Augen haben und eine Stupsnase und ungewaschene Ohren und Hosen, die über den Knien ständig kaputt sind. Lillebror ist also ein ganz und gar gewöhnlicher Junge, das steht fest.

Birger ist fünfzehn Jahre alt und spielt Fußball und kommt in der Schule schlecht mit. Er ist also auch ein ganz gewöhnlicher Junge. Und Betty ist vierzehn und trägt ihr Haar in einem Pferdeschwanz, genau wie andere ganz gewöhnliche Mädchen.

Es gibt nur einen im ganzen Haus, der ungewöhnlich ist, und das ist Karlsson vom Dach. Er wohnt oben auf dem Dach, der Karlsson, und schon das ist ja etwas recht Außergewöhnliches. Es mag in anderen Gegenden der Welt anders sein, aber in Stockholm kommt es fast nie vor, dass jemand in einem besonderen kleinen Haus oben auf dem Dach wohnt. Das aber tut Karlsson.

Er ist ein sehr kleiner und sehr rundlicher und sehr selbstbewusster Herr und er kann fliegen. Mit Flugzeugen und Hubschraubern können alle Menschen fliegen, aber es gibt niemand, der ganz allein fliegen kann, außer Karlsson. Er dreht bloß an einem Knopf, der ungefähr mitten vor seinem Nabel sitzt, und wips!, springt ein winzig kleiner Motor an, den er auf dem Rücken hat. Während der Motor anläuft, steht Karlsson eine Weile still.

Und dann – wenn der Motor genügend auf Touren gekommen ist – steigt Karlsson auf und schwebt so fein und würdevoll davon wie ein Bürovorsteher – falls man sich einen Bürovorsteher mit Motor auf dem Rücken vorstellen kann.

(...)

So ging es zu, als Karlsson und Lillebror sich kennenlernten: Es war einer jener verdrehten Tage, wo es kein bisschen Spaß machte, Lillebror zu sein. Im Allgemeinen war es ganz schön, Lillebror zu sein, denn er war Liebling und

[1] Textauszug aus: „Karlsson vom Dach" von Astrid Lindgren © Friedrich Oetinger Verlag, Hamburg 1990

Hätschelkind der ganzen Familie, den alle verwöhnten, sosehr sie konnten. Aber es gab Tage, da war alles verdreht. Da gab es Schelte von Mama, weil neue Löcher in die Hosen gekommen waren, und Betty sagte: „Putz dir die Nase, Bengel“ und Papa machte ein Theater, weil man nicht rechtzeitig von der Schule heimkam.
„Was hast du dich auf der Straße herumzutreiben?“, fragte Papa. Auf der Straße herumtreiben – Papa wusste ja nicht, das Lillebror einem Hund begegnet war. Einem netten, wunderhübschen Hund, der Lillebror beschnuppert und mit dem Schwanz gewedelt und so ausgesehen hatte, als wollte er gern Lillebrors Hund werden. Wäre es nach Lillebror gegangen, dann hätte er es sofort werden können. Aber nun war es so, dass Papa und Mama auf keinen Fall einen Hund im Haus haben wollten. Und außerdem kam da plötzlich eine Dame an und die rief: „Ricki, komm her!“ und da sah Lillebror ein, dass dieser Hund niemals ihm gehören konnte.
„Sieht nicht so aus, als ob man je in seinem Leben einen eigenen Hund bekäme“, sagte Lillebror erbost an diesem Tag, als alles so schiefging. „Du, Mama, du hast Papa, und Birger und Betty halten immer zusammen, aber ich habe niemand.“
„Liebster Lillebror, du hast doch uns alle miteinander“, sagte Mama.
„Das hab ich doch überhaupt nicht“, sagte Lillebror noch erboster, denn ihm kam es plötzlich so vor, als habe er niemand auf der ganzen Welt.
Eins hatte er jedenfalls. Er hatte sein eigenes Zimmer und in das ging er.
Es war ein heller, schöner Frühlingsabend und das Fenster stand offen. Die weißen Gardinen wehten sacht hin und her, als ob sie den kleinen blassen Sternen dort oben am Frühlingshimmel zuwinkten. Lillebror stellte sich ans Fenster und guckte hinaus. Er dachte an den netten Hund und malte sich aus, was der wohl jetzt machte. Vielleicht lag er in einem Hundekorb irgendwo in einer Küche, vielleicht saß ein Junge – nicht Lillebror, sondern ein anderer Junge – auf dem Fußboden neben ihm und streichelte seinen struppigen Kopf und sagte: „Ricki, du bist ein feiner Hund.“
Lillebror seufzte tief.
Da hörte er ein leises Brummen. Das Brummen wurde lauter und ehe er sichs versah, kam ein kleiner, dicker Mann langsam am Fenster vorbeigeflogen. Das war Karlsson vom Dach, aber das wusste Lillebror ja noch nicht.
Karlsson warf nur einen langen Blick auf Lillebror und dann segelte er weiter. Er machte eine kleine Runde über dem Hausdach gegenüber, umflog einmal den Schornstein und steuerte dann wieder auf Lillebrors Fenster zu. Jetzt hatte er die Geschwindigkeit erhöht und zischte an Lillebror vorbei fast wie ein kleiner

Düsenjäger. Mehrmals zischte er vorbei und Lillebror stand nur stumm da und wartete und fühlte, wie es ihm im Magen kribbelte vor Aufregung, denn es kommt ja nicht alle Tage vor, dass kleine, dicke Männer am Fenster vorbeifliegen. Schließlich verlangsamte Karlsson dicht vorm Fenster die Fahrt.
„Heißa hopsa", sagte er. „Darf man sich hier ein bisschen niederlassen?"
„Ja, bitte sehr", sagte Lillebror. „Ist es nicht schwer, so zu fliegen?", sagte er dann.
„Für mich nicht", sagte Karlsson und warf sich in die Brust. „Für mich ist es überhaupt nicht schwer. Ich bin nämlich der beste Kunstflieger der Welt. Ich möchte aber nicht jedem x-beliebigen Strohkopf raten, es nachzumachen."
Lillebror fühlte, dass er selbst „jeder x-beliebige Strohkopf" sei, und beschloss sofort Karlssons Flugkünste bestimmt nicht nachzumachen.
„Wie heißt du?", fragte Karlsson.
„Lillebror", sagte Lillebror. „Aber eigentlich heiße ich Svante Svantesson."
„Denk bloß, wie verschieden das sein kann – ich, ich heiße Karlsson", sagte Karlsson. „Nur einfach Karlsson und weiter nichts. Heißa hopsa, Lillebror."
„Heißa hopsa, Karlsson", sagte Lillebror.
„Wie alt bist du?", fragte Karlsson.
„Sieben", sagte Lillebror.
„Gut. Mach so weiter", sagte Karlsson.
Er stellte schnell eins seiner kurzen dicken Beine auf Lillebrors Fenstersims und kletterte ins Zimmer hinein.

„Wie alt bist du denn?", fragte Lillebror, denn er fand, Karlsson sei eigentlich zu kindisch, um ein Mann zu sein.
„Wie alt *ich* bin?", sagte Karlsson. „Ich bin ein Mann in meinen besten Jahren. Das ist das Einzige, was ich sagen kann."

1 Wahr oder falsch?

Markiere wahre Aussagen grün, falsche Aussagen rot.

① Familie Svantesson wohnt in Stockholm.

② Lillebror ist acht Jahre alt.

③ Die Kinder heißen Birger, Betty und Lillebror.

④ Birger ist sieben Jahre alt.

⑤ Karlsson ist sehr dünn.

⑥ Papa und Mama wollen einen Hund im Haus haben.

⑦ Lillebror kribbelt es vor Aufregung im Magen.

⑧ Karlsson ist der beste Kunstflieger der Welt.

⑨ Karlsson hat lange dünne Beine.

⑩ Lillebror heißt Svante Svantesson.

Berichtige die falschen Aussagen: Wie muss es richtig heißen?

★ Zusatzaufgabe:

Schreibe weitere wahre und falsche Sätze zum Text auf.

Lasse einen Mitschüler lösen.

2 Das Kreuzworträtsel

Achtung: Ü = Ü; β= SS

waagerecht

3 Das ist Bettys Frisur
5 So alt ist Betty
6 So alt ist Lillebror
7 Das ist Birgers Sport
10 Da wohnt Herr Karlsson

senkrecht

1 Ein anderes Wort für Vorhänge
2 So heißt Lillebror wirklich
4 In dieser Stadt wohnt die Familie
7 So alt ist Birger
8 So heißt die Familie
9 Das ist Lillebrors Augenfarbe

2 Fliegen: Karlsson vom Dach

3 **Schau mal nach: In welcher Reihenfolge stehen die Sätze im Text?**

	Aber das stimmt nicht.
	„Was hast du dich auf der Straße rumzutreiben?“
	Ich bin ein Mann in meinen besten Jahren.
	Während der Motor anläuft, steht Karlsson eine Weile still.
	Da hörte er ein leises Brummen.

4 **Trenne die Wörterschlange und schreibe richtig auf.**

StockholmDüsenjägerSvantessonDachBirgerBettyLillebrorKarlssonRicki HeißaHopsaHundFensterSvanteFrühlingsabendbisschenfliegenFußball DachungewaschenHerr

5 **Geheimschrift: Sicher kannst du diese Wörter lesen.**

Finde sie in der Geschichte und markiere sie farbig.

Stockholm	Lillebror
Dach	Karlsson
Birger	Svantesson
Betty	Heißa
Ricki	Hund
Hopsa	Fenster
Frühlingsabend	Svante
Fußball	ungewaschen
Herr	Düsenjäger

6 Die Personen der Geschichte

In der Geschichte von Karlsson kommen viele Personen vor. Da ist natürlich Herr Karlsson. Dann die ganze Familie Svantesson: Mama, Papa, Betty, Birger und Lillebror. Und über alle sechs Personen wird erzählt, wie sie sind.

Was passt zu wem? Trage auf Seite 49 und 50 ein.

(1) wohnt auf dem Dach
(2) macht Krach, wenn man nicht rechtzeitig aus der Schule kommt
(3) fünfzehn Jahre
(4) zerrissene Hosen
(5) kleiner dicker Mann
(6) ist der Liebling der Familie
(7) sagt: „Putz dir die Nase, Bengel!“
(8) bester Kunstflieger der Welt
(9) vierzehn Jahre
(10) ungewaschene Ohren
(11) spielt Fußball
(12) sieben Jahre
(13) schimpft, wenn Lillebror Löcher in den Hosen hat
(14) klein und rundlich
(15) Pferdeschwanz
(16) kann fliegen
(17) Svante Svantesson
(18) kommt in der Schule schlecht mit
(19) blaue Augen
(20) hat einen Knopf vor dem Nabel
(21) Stupsnase
(22) ein Mann in den besten Jahren

2 Fliegen: Karlsson vom Dach

Lillebror

Herr Karlsson

Birger

Betty

Mama

Papa

3 Rund ums Handy: Von der Rauchwolke bis zum Handy

Schon früher wollten die Menschen miteinander reden können, auch wenn sie viele Kilometer entfernt voneinander lebten. Die Indianer hatten noch kein Handy. Wenn sie über eine weite Entfernung miteinander reden wollten, zündeten sie ein Feuer an und machten Rauchzeichen. Ein qualmendes Feuer wurde dafür ab und zu mit einer Decke abgedeckt.
So konnten große und kleine Rauchwolken erzeugt werden. Durch die Größe und Zahl der Rauchwolken konnten sie die Buchstaben in den Himmel schreiben. Das konnte auch aus weiter Entfernung gelesen werden.

Andere Völker haben sich mit Lichtzeichen verständigt. Das ging aber nur nachts. Außerdem mussten die Lichttelefonierer auf Bergen stehen, damit sie von Weitem gesehen werden konnten.
Und dann gab es noch Boten. Die hatten zwar schnelle Pferde, aber eine Nachricht von Hamburg nach München zu bringen, hat trotzdem fast eine Woche gedauert.

Vor einhundertfünfzig Jahren, im Jahr 1861, entwickelte ein deutscher Erfinder das erste Telefon. Er baute es aus zwei Holzkästen, Stricknadeln, ein paar Drähten und einem Holzohr, das mit Wursthaut umspannt war.
Dieser Erfinder hieß Philipp Reis. Mit seinem Telefon konnte man nur von einem Zimmer in ein anderes telefonieren. Insgesamt hat es noch nicht so richtig funktioniert. Aber andere Forscher haben es sich ganz genau angesehen und versucht, es zu verbessern.

Zwei Jahre nach dem Tod von Philipp Reis erfand der Amerikaner Graham Bell ein Telefon, das richtig funktionierte. Bell gründete dann eine Telefongesellschaft. Viele Leute sagten damals: „Wozu soll der Quatsch gut sein?“

Trotzdem fingen die Menschen an zu telefonieren. Sie telefonierten nur, wenn es richtig wichtig war. Viele Menschen hatten gar keinen eigenen Telefonanschluss. In den meisten Dörfern gab es nur in der Dorfkneipe ein Telefon. Da mussten die Menschen hin, wenn sie telefonieren wollten.

Oder sie telefonierten in Telefonzellen. Die stehen in den Städten verteilt. Man muss Geld einwerfen und kann telefonieren. Heute stehen nur noch wenige davon, aber es gibt sie noch.

Ach ja: Das Wort *Telefon* kommt aus der griechischen Sprache.
Es besteht aus zwei Wörtern:
tele = weit
phoné = Stimme
Telefon bedeutet also **weite Stimme**.

So ein Telefon besteht aus zwei Teilen:
1. dem Mikrofon: Damit wird unsere Stimme in elektrische Schwingungen umgewandelt.
2. dem Hörer: Der wandelt diese Schwingungen wieder in unsere Stimme zurück.

Zwischen zwei Telefonen kann ein Draht gespannt sein. Oder die Stimme wird über Funk übertragen. Dann spricht man von einem Mobiltelefon (bewegliches Telefon). In Deutschland sagt man dazu auch Handy.

Das erste **mobile** Telefon in Deutschland hieß „Pocky“. Es kam 1988 auf den Markt. Dieses Telefon war ein schwerer Klotz[1]. Und es kostete richtig viel Geld: über 4000 Euro. Wer sich wohl so ein Ding kaufen konnte? Heute leben in Deutschland ca. 80 000 000 Menschen. Und weißt du, wie viele Handys[2] es alleine in Deutschland gibt? 114 000 000 Handys!
Mit Handys kann man heute nicht nur telefonieren: SMS schreiben, fotografieren, Musik abspielen und im Internet surfen.
Wenn ein Handy das alles kann, nennt man es Smartphone[3]. Es ist inzwischen viel kleiner und leichter als das Pocky.

„Wozu soll der Quatsch gut sein?“, fragten viele Menschen, nachdem Graham Bell das Telefon erfunden hatte.
Heute fragen viele Menschen: „Was hat fünf Buchstaben und nervt?“

[1] 500 Gramm hat dieses Pocky gewogen.
[2] Genauer gesagt: Mobilfunkanschlüsse
[3] Smart ist englisch und bedeutet klug

1 a) **Kennst du die richtige Antwort?**

Schau im Text nach und schreibe auf.

① Wie konnten die Indianer über große Entfernungen miteinander reden?

② Wie hieß der deutsche Telefonerfinder?

③ Wer erfand das erste Telefon, das richtig funktionierte?

④ Aus welcher Sprache kommt das Wort Telefon?

⑤ Wie hieß das erste mobile Telefon in Deutschland?

⑥ Was hat fünf Buchstaben und nervt?

⑦ Aus welchen beiden Teilen besteht ein Telefon?

⑧ In welchem Jahr kam das erste Mobiltelefon auf den deutschen Markt?

Zeichne auf:
Wie hat sich die Verständigung über weite Entfernungen verändert?

1 **b) Fragen und Antworten: Was gehört zusammen? Verbinde.**

① Wie konnten die Indianer über große Entfernungen miteinander reden?	Graham Bell erfand ein Telefon, das richtig funktionierte. ⓐ
② Wie hieß der deutsche Telefonerfinder?	Das Wort Telefon kommt aus der griechischen Sprache. ⓑ
③ Wer erfand das erste Telefon, das richtig funktionierte?	Mit Rauchzeichen. ⓒ
④ Aus welcher Sprache kommt das Wort Telefon?	Es besteht aus Mikrofon und Hörer. ⓓ
⑤ Wie hieß das erste mobile Telefon in Deutschland?	Das Handy. ⓔ
⑥ Was hat fünf Buchstaben und nervt?	Dieser Erfinder hieß Philipp Reis. ⓕ
⑦ Aus welchen beiden Teilen besteht ein Telefon?	Es hieß Pocky. ⓖ
⑧ In welchem Jahr kam das erste Mobiltelefon auf den deutschen Markt?	Es kam im Jahr 1988 auf den Markt. ⓗ

2 **Wahr oder falsch?**

Markiere wahre Aussagen grün, falsche Aussagen rot.

① Die Indianer hatten schon Handys.

② Das erste mobile Telefon in Deutschland hieß „Pocky".

③ Heute leben in Deutschland ca. 80 000 000 Menschen.

④ Das erste richtig funktionierende Telefon baute ein englischer Erfinder.

⑤ Graham Bell gründete eine Fernsehgesellschaft.

⑥ Das Wort Telefon kommt aus der griechischen Sprache.

⑦ Das erste richtige Handy gab es in Deutschland 1988.

⑧ Das Pocky kostete 400 Euro.

⑨ Smart ist englisch und bedeutet toll.

⑩ Das Wort „Handy" hat fünf Buchstaben.

Berichtige die falschen Aussagen: Wie muss es richtig heißen?

★ **Zusatzaufgabe:**

Schreibe weitere wahre und falsche Sätze zum Text auf.

Lasse einen Mitschüler lösen.

3 Das Kreuzworträtsel

waagerecht

2 Telefon heiβt das Namenwort. Und wie heiβt das Tunwort?
3 Mit solchen Zeichen konnten die Indianer sich verständigen
5 Kleines Häuschen, in dem man für Geld telefonieren kann
8 „Weite Stimme" auf Griechisch
9 Ein „kluges" Mobiltelefon
12 Die verständigten sich mit Rauchzeichen
13 Was hat fünf Buchstaben und nervt?

senkrecht

1 So heiβt ein Handy richtig
4 Pocky war ein schwerer ...
6 Da sprichst du bei jedem Telefon hinein
7 Eine Textnachricht mit dem Handy
10 Philipp Reis war ein ...
11 Der Name des ersten Handys in Deutschland

4 **Buchstabensalat**

Bei den Wörtern gilt nur jeder zweite Buchstabe.

Wie heißen die Wörter?

yDzrwachnt	Draht
aEyrmfoiancdiemr	
rfyoctsopgkrtavfjijezrzesn	
oFeuhnwk	
oHjarnddoy	
vlbnsddidaynkecr	
kKmlkoitoz	
nLjigcghvtnznewilcthhegn	
sMdipkerjoyfmokn	
eMtotbnidlstweelzebfroen	
nPvoqcqkpy	
lRnajuccjhozcemimcqhfepn	
jStmrafritvpqhmodnye	
pSxMsS	
zTbehlcedflofn	
bTrevlrezfdognvgpelsfewlilrsdcxhnapfqt	
htledlsegfiodnpijearxejn	
vTjedlbelfyoknhzqejlllce	
qWhuarssxtihlarudt	

5 **Schau nach: In welcher Reihenfolge stehen die Sätze im Text?**

	Andere Völker haben sich mit Lichtzeichen verständigt.
	Oder sie telefonierten in Telefonzellen.
	Viele Menschen hatten gar keinen eigenen Telefonanschluss.
	Der wandelt diese Schwingungen wieder in Stimme zurück.
	Wenn ein Handy das alles kann, nennt man es Smartphone.

6 **Geheimschrift: Sicher kannst du diese Wörter lesen.**

Finde sie in der Geschichte und markiere sie farbig.

Wursthaut	Telefon
telefonieren	Smartphone
Funk	Rauchwolken
Pocky	Handy
Lichtzeichen	SMS
Mobiltelefon	Mikrofon
Telefonzellen	Indianer

7 **Was passt nicht dazu? Streiche durch.**

a) Sticknadel – Wursthaut – Holzkasten – Nudel

b) Rauchzeichen – Wasser – Himmel – Indianer

c) telefonieren – surfen – tanzen – fotografieren

8 **Welche Wörter verbergen sich in den Rätseln? Schreibe auf.**

Der erste Buchstabe ist **fett** gedruckt.

a)

n	t	h
e	z	c
h	e	i
c	i	**L**

b)

l	t	e
i	e	l
b	f	o
o	**M**	n

c)

e	f	o
l	i	n
e	e	r
t	e	n

d)

T	e	f
e	l	o
e	z	n
l	l	e

9 **Trenne die Wörterschlange und schreibe richtig auf.**

MitHandyskannmanheutevielmehralstelefonieren:SMSschreiben,fotografieren,MusikabspielenundimInternetsurfen.WenneinHandydasalleskann,nenntmanesSmartphone.

10 **Das Suchrätsel**

Folgende Wörter aus dem Text sind hier versteckt. Markiere sie.

Erfinder – Forscher – Handy – Hörer – Internet – Lichtzeichen – Mobiltelefon – Pocky – Rauchzeichen – Smartphone – SMS – Telefon – telefonieren – Telefonzelle – Wursthaut

H	H	z	V	D	W	E	S	W	ä	ö	I	W	M	M	p	I	I	t	X
n	Q	N	k	G	b	Ä	m	T	y	A	V	u	n	n	O	H	A	j	s
Ä	e	C	h	Ö	O	r	a	f	f	b	Z	r	T	F	S	ö	m	F	E
M	A	d	M	c	E	S	r	n	h	M	Ü	s	f	E	J	L	a	X	P
o	y	b	w	l	r	e	t	C	Q	G	J	t	K	B	h	i	x	m	o
b	q	h	a	G	f	P	p	r	b	T	Z	h	s	Ö	g	c	h	c	c
i	H	w	I	b	i	d	h	Q	Y	e	H	a	M	H	H	h	p	t	k
l	I	U	T	o	n	w	o	T	r	l	S	u	C	ö	y	t	i	a	y
t	n	W	R	c	d	S	n	Y	D	e	c	t	o	r	w	z	o	T	Ö
e	t	Y	h	G	e	t	e	l	e	f	o	n	i	e	r	e	n	e	n
l	e	I	ä	J	r	Ö	m	Z	L	o	c	Q	ü	r	C	i	a	l	Z
e	r	h	Ö	h	I	i	a	r	t	n	ü	Y	d	I	s	c	N	e	O
f	n	h	a	h	O	f	R	m	d	z	r	u	A	W	V	h	L	f	g
o	e	Q	k	A	o	c	P	r	w	e	m	y	M	z	P	e	ä	o	F
n	t	F	z	E	b	J	J	N	D	l	t	g	j	Q	c	n	w	n	w
X	I	H	Ä	w	H	n	t	B	U	l	I	T	ü	z	s	O	v	V	Z
S	U	a	Ü	K	p	Z	J	N	G	e	U	ä	h	d	ö	Q	A	E	V
M	f	n	L	g	ä	j	R	a	u	c	h	z	e	i	c	h	e	n	Ä
S	U	d	s	F	w	s	d	F	o	r	s	c	h	e	r	M	Q	X	y
D	g	y	w	z	X	ö	z	r	Ä	o	O	K	ä	z	s	I	B	M	M

11 **Augengymnastik I.**

Immer zwei Telefone sind gleich und gehören zusammen.

Markiere diese mit der gleichen Farbe.

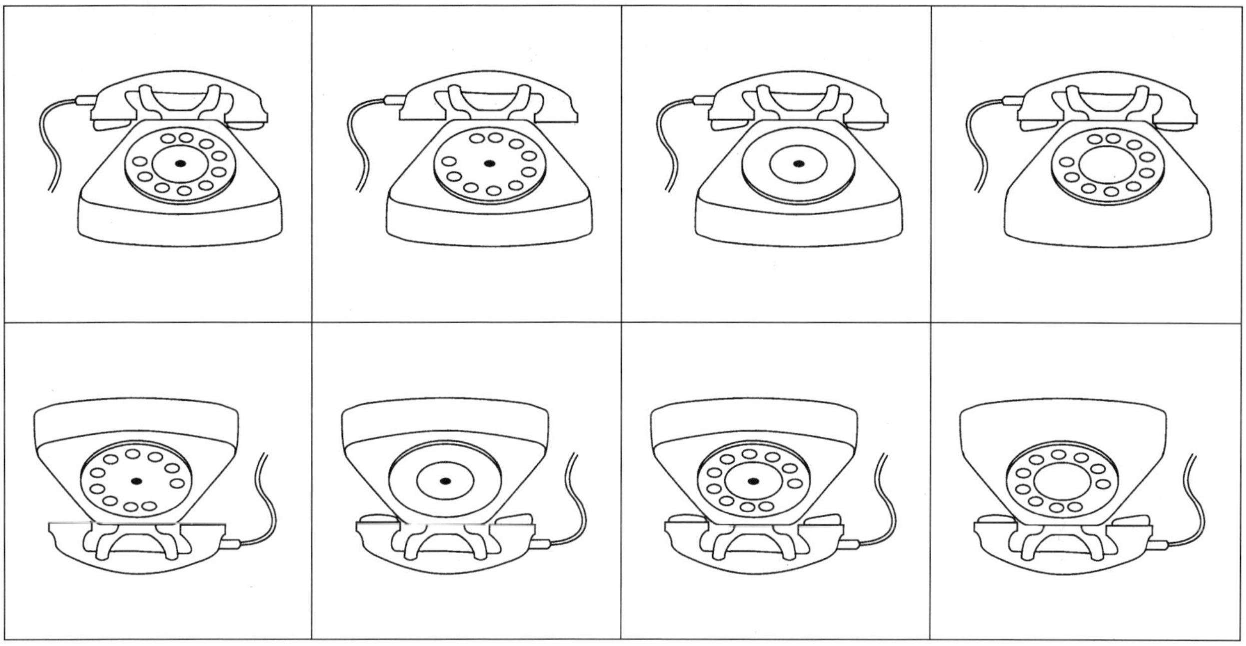

12 **Augengymnastik II.**

Wer telefoniert hier mit wem?

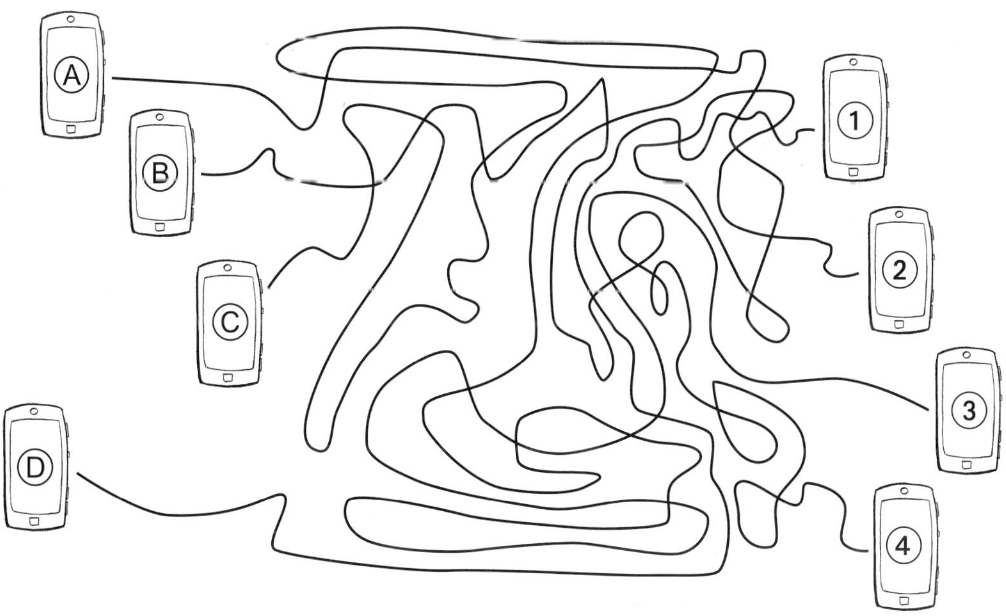

Ⓐ mit ____________ Ⓒ mit ____________

Ⓑ mit ____________ Ⓓ mit ____________

Dies ist eine Geschichte über zwei Jungs. Sie hat auch etwas mit Handys zu tun – auch wenn die beiden Jungs keine Handys haben.
Die Geschichte spielt im Urwald im Kongo. Dort ist es immer warm, so um die 25 °C. Aber es regnet dort auch viel – deshalb heißt der Wald auch Regenwald.
Die beiden Jungs sind Zwillinge. Sie heißen Aleeke und Abasi. Aleeke bedeutet starker Löwe und Abasi bedeutet Stern.
Die Familie wohnt in einem großen Dorf am Rande des Urwaldes. Sie hat nicht viel Geld und außer Aleeke und Abasi noch fünf weitere Kinder.
Der Vater arbeitet als Fahrer.
Die beiden Jungs sind zwölf Jahre alt. Sie gehen in die Schule im Dorf. Das ist eine Schule, in der 35 Kinder in einem Raum mit einem Lehrer lernen. Jeden Monat müssen die Eltern für jedes Kind Schulgeld bezahlen. Wenn die Eltern nicht zahlen, werden die Kinder aus der Schule geworfen und können nicht mehr weiter lernen.
Die Jungs sind so unterschiedlich wie ihre Namen.
Der eine ist eher wild und laut. Der andere ist ein Träumer. Trotz dieser Unterschiede sind die beiden unzertrennlich und stecken die ganze Zeit zusammen.
Eines Tages geht der Laster des Vaters kaputt. Das Ersatzteil ist so teuer, dass die Zwillinge nicht mehr in die Schule können. Dabei gehen sie gerne zur Schule.
Da hat Aleeke eine Idee: Er wird mit seinem großen Bruder in den Steinbruch gehen, um dort zu arbeiten und das Geld für die Schule für seinen Bruder zu verdienen. Abasi soll weiter in die Schule gehen und ihm dann alles beibringen, was er dort gelernt hat.
Der Vater ist einverstanden und Aleeke darf seinen Bruder in den Steinbruch begleiten. Der Steinbruch ist über 40 Kilometer entfernt. Der Bruder und Aleeke können nur selten nach Hause kommen. Sie leben im Steinbruch in einem Zelt.
Der Steinbruch ist auf einer riesigen Lichtung mitten im Urwald. Der ganze Steinbruch ist eine einzige Matschwüste, da dort ständig gegraben und gebuddelt wird und es fast jeden Tag regnet.
Aleeke ist ständig völlig dreckig.
Seine Füße tun weh, weil sie immer in den nassen Schuhen stecken. Aber das schlimmste ist die Arbeit selbst. Zehn Stunden am Tag muss er Steine in Plastiksäcken schleppen oder in den Gruben neue Steine schlagen. Das ist die

Arbeit, die er am meisten fürchtet. Er bekommt eine Taschenlampe an seinem Kopf festgebunden und dann muss er in ein enges dunkles Loch runtersteigen. Er fürchtet sich vor der Dunkelheit und vor der Enge.
Aber was soll er tun? Er braucht das Geld für den Lehrer.
Jeden Tag sagt er sich, dass er durchhalten muss.
Aber die Angst wird nicht weniger und er muss schuften und schuften und schuften.
Er denkt oft an Abasi. Er versucht, ihm in Gedanken Nachrichten zu schicken.
Auch wenn er jeden Abend furchtbar müde ist von der Arbeit, kann er oft nicht richtig schlafen. Er versteht nicht, warum diese Steine[1], die sie ausgraben, so wertvoll sind.

Nach vier Wochen ist Zahltag. Der große Bruder und Aleeke bekommen ihr Geld und haben zwei Tage frei. Jetzt wollen sie nach Hause gehen, um das Geld abzuliefern.
Aleeke ist furchtbar stolz darauf. Wie ein starker Löwe hat er sich durchgekämpft und bringt nun das Schulgeld für seinen Bruder.

Abasi und Aleeke sind überglücklich, sich wiederzusehen. Sie gehen in ihr Geheimversteck und erzählen sich alles, was passiert ist. Nachts liegen die beiden wieder nebeneinander. In dieser Nacht kann Aleeke gut schlafen, er ist bei seiner Familie und er liegt direkt neben seinem Bruder.
Erst spät am Morgen wacht er auf. Er muss gleich daran denken, dass er wieder in den furchtbaren Steinbruch muss.
Er möchte seinen Bruder wecken, um ihm von seiner Angst zu erzählen. Aber da liegt kein Bruder. Stattdessen findet er eine Botschaft von ihm. Er liest:

Mein lieber Bruder Löwe!
Du hast mir nichts davon erzählt, wie es dir im Urwald gegangen ist, aber deine Botschaften in der Nacht habe ich in meinen Träumen oft gehört. Weißt du, dieses Mal gehe ich mit dem großen Bruder los zur Arbeit. Mach dir keine Sorgen, du weißt doch, Sterne haben keine Angst vor der Nacht und der Dunkelheit. Außerdem solltest du dringend mal wieder etwas rechnen lernen, sonst wirst du beim nächsten Zahltag übers Ohr gehauen. Pass auf, dass der Lehrer dir genug beibringt. Ich vermisse dich jetzt schon.

Dein Bruder, der Stern

[1] Der Stoff in den Steinen heißt Koltan. Er wird für die Herstellung von Handys gebraucht.

1 Wahr oder falsch?

Markiere wahre Aussagen grün, falsche Aussagen rot.

① Die Geschichte spielt im Urwald im Kongo.

② Der Wald heißt Sonnenwald.

③ Aleeke bedeutet starker Löwe.

④ Abasi bedeutet starker Löwe.

⑤ Die Kinder dürfen nur in die Schule, wenn die Eltern Geld bezahlen.

⑥ Der Steinbruch ist zehn Kilometer entfernt.

⑦ Aleeke hat Angst vor der Dunkelheit.

⑧ Abasi geht nach vier Wochen für Aleeke in den Steinbruch.

Berichtige die falschen Aussagen: Wie muss es richtig heißen?

★ Zusatzaufgabe:

Schreibe weitere wahre und falsche Sätze zum Text auf.
Lasse einen Mitschüler lösen.

2 Das Kreuzworträtsel

waagerecht

2 Das muss für die Schule bezahlt werden
5 Starker Löwe
6 Aleeke arbeitet im …
7 Davor hat Aleeke Angst
8 Im Steinbruch leben die Brüder in einem ...

senkrecht

1 So heißt der Wald
2 Abasi bedeutet
3 Die muss Aleeke im Steinbruch schleppen
4 Das ist der Beruf des Vaters

3 **Schau mal nach: In welcher Reihenfolge stehen die Sätze im Text?**

	Die Geschichte spielt im Urwald im Kongo.
	Er denkt oft an Abasi.
	Der Steinbruch ist über 40 Kilometer entfernt.
	Stattdessen findet er eine Botschaft von ihm.
	Nach vier Wochen ist Zahltag.

4 **Geheimschrift: Sicher kannst du diese Wörter lesen.**

Finde sie in der Geschichte und markiere sie farbig.

Abasi	gebuddelt
Aleeke	Geheimversteck
Angst	Handys
Arbeit	Steinbruch
Bruder	Jungs
Schulgeld	Kongo
Dunkelheit	Lehrer
Urwald	Löwe
Ersatzteil	Matschwüste
Zahltag	Regenwald

Stefan Antoni: Altersangemessene Sachtexte lesen und verstehen

5 **Male die Geschichte als Comic.**

6 **Recherchiere im Internet: Was genau ist Koltan?**

Mache dir Stichpunkte und berichte in der Klasse.

4 Rund ums Klopapier: Toilettenpapier damals und heute

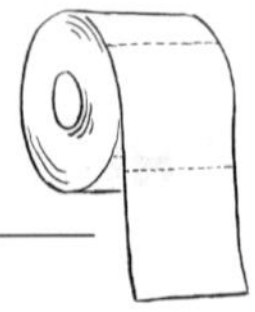

Natürlich weißt du genau was das ist: Klopapier, Toilettenpapier oder WC-Papier. Du benutzt es ja täglich.
Es gibt aber sicher Dinge, die du über das Klopapier und das Hinternreinigen noch nicht weißt.
Klopapier gibt es noch gar nicht so lange. Früher benutzten die Menschen ganz verschiedene Sachen, um sich den Hintern zu reinigen. Schön weich waren Moos und Gras. Im Winter gab es Stroh. Das war aber auch ganz schön kratzig.
Aber die Menschen in der Stadt hatten das natürlich nicht. Die mussten Steine, Tonscherben oder Muscheln benutzen. Ohne Klopapier war das also eine ganz schön unangenehme Geschichte auf der Toilette.

Die reichen Menschen hatten Diener, die ihnen den Hintern putzen mussten. In vielen Ländern in Asien oder in Afrika war das einfacher: Die Menschen benutzten die linke Hand und viel Wasser. Die linke Hand war also die unreine Hand. Das ist sogar heute in vielen Ländern noch so. Deswegen essen viele Menschen aus Asien und Afrika nur mit der rechten Hand.

Erst die Chinesen sind auf die Idee gekommen, Papier zu benutzen.
Das ist schon 1400 Jahre her.
Zuerst gab es das aber nur für den Kaiser. Das Klopapier war riesig: 90 Zentimeter lang und 60 Zentimeter breit. Ein chinesischer Schriftsteller hat damals schon geschrieben, dass man sich nicht mit bedrucktem Papier den Po putzen darf.
Bei uns gab es so etwas wie Klopapier aber noch lange nicht.
Erst im Jahr 1857 ist in den USA ein Mann auf die Idee gekommen, einzelne Papierblätter in eine Schachtel zu packen. Diese Schachteln mit Papier drin hat er dann als Klopapier verkauft. Der Erfinder war so stolz, dass er auf jedes Blatt seinen Namen drucken ließ: Joseph Gayetty.

In Deutschland wurde erst im Jahr 1928 in Ludwigsburg die erste Toilettenpapierfabrik gegründet. Der Besitzer und Erfinder hieß Hans Klenk. Einen Namen für seine Firma hatte er auch gefunden: Er nahm die ersten

Buchstaben seines Namens und setzte sie neu zusammen: **HA**ns **KLE**nk, also HAKLE.
Auf eine Rolle aus Pappe wurden damals eintausend Blatt Papier gewickelt. Das waren keine einzelnen Blätter mehr. Die Blätter hingen aneinander und konnten durch eine Perforation[1] leicht abgerissen werden.
Aber das Papier war hart und kratzig. Das weiche Klopapier, wie wir es heute kennen, kam erst 1958 von Amerika nach Deutschland.

Natürlich kostete das Klopapier Geld. Deswegen haben viele Menschen einfach weiter Zeitungen in kleine Stücke geschnitten. Diese Stücke wurden dann neben das Klo gelegt oder gelocht und an einer Schnur aufgefädelt. (Frag mal deine Oma und deinen Opa danach.)

So ist die Geschichte.
Heute sieht das so aus:
Toilettenpapier kauft man auf Papphülsen gewickelt. Nach dem Benutzen wirft man es in die Toilette und es löst sich im Wasser auf.
Es gibt verschieden dickes WC-Papier. Dazu werden einfach mehrere Schichten Papier aufeinandergelegt. Aus bis zu fünf Schichten kann das Klopapier bestehen. Das ist natürlich besonders teuer.

Toilettenpapier ist etwas, das fast jeder Mensch täglich braucht. Allein die Deutschen geben jedes Jahr mehr als eine Milliarde (1 000 000 000) Euro dafür aus.
Eine Person sitzt etwa fünfzehn Minuten am Tag auf dem Klo und verbraucht ungefähr sechsundvierzig Rollen Klopapier im Jahr.

Wie könnte die Geschichte weitergehen? Vielleicht gibt es in Zukunft kein Klopapier mehr. Da ist in jedes Klo eine kleine Dusche und ein Föhn eingebaut. (In Japan gibt es das übrigens heute schon.)
Was meinst du dazu?

1 Schau dir mal so eine Rolle an: Zwischen den einzelnen Blättern sind so kleine Löcher. Das ist die Perforation.

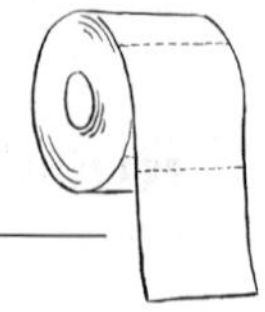

1 a) **Kennst du die richtige Antwort?**

Schau im Text nach und schreibe auf.

① Was benutzten die Menschen früher, um sich den Hintern zu reinigen?

____

② Vor wie vielen Jahren sind die Chinesen auf die Idee gekommen, Papier zu benutzen?

____

③ Wie groß war das erste chinesische Klopapier?

____

④ Welcher Erfinder ließ seinen Namen auf das Toilettenpapier drucken?

____

⑤ Wann wurde in Deutschland die erste Toilettenpapierfabrik gegründet?

____

⑥ Wie hieß der Gründer der ersten deutschen Toilettenpapierfabrik?

____

⑦ Wie nannte Hans Klenk seine Firma?

____

⑧ Wann kam das erste weiche Klopapier in Deutschland auf den Markt?

____

⑨ Worauf wird Klopapier aufgewickelt?

____

⑩ Wie viele Rollen WC-Papier braucht ein Mensch ungefähr im Jahr?

____

4 Rund ums Klopapier: Toilettenpapier damals und heute

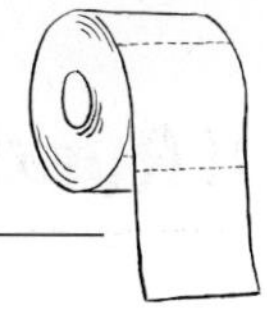

1 b) Fragen und Antworten: Was gehört zusammen? Verbinde.

①	Was benutzten die Menschen früher, um sich den Hintern zu reinigen?	Es war im Jahr 1928.	ⓐ
②	Vor wie vielen Jahren sind die Chinesen auf die Idee gekommen, Papier zu benutzen?	Der Name ist Joseph Gayetty.	ⓑ
③	Wie groß war das erste chinesische Klopapier?	Er nannte sie Hakle.	ⓒ
④	Welcher Erfinder ließ seinen Namen auf das Toilettenpapier drucken?	Sie benutzten zum Beispiel Gras, Moos, Stroh, Steine, Tonscherben oder Muscheln.	ⓓ
⑤	Wann wurde in Deutschland die erste Toilettenpapierfabrik gegründet?	Es war 90 cm lang und 60 cm breit.	ⓔ
⑥	Wie hieß der Gründer der ersten deutschen Toilettenpapierfabrik?	Vor 1400 Jahren.	ⓕ
⑦	Wie nannte Hans Klenk seine Firma?	Auf eine Rolle aus Pappe.	ⓖ
⑧	Wann kam das erste weiche Klopapier in Deutschland auf den Markt?	Der Gründer hieß Hans Klenk.	ⓗ
⑨	Worauf wird Klopapier aufgewickelt?	Er braucht ungefähr 46 Rollen.	ⓘ
⑩	Wie viele Rollen WC-Papier braucht ein Mensch ungefähr im Jahr?	Das war im Jahr 1958.	ⓙ

4 Rund ums Klopapier: Toilettenpapier damals und heute

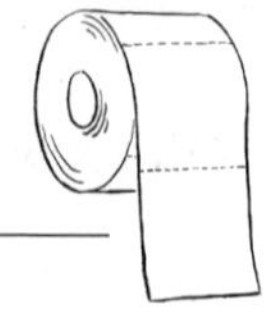

2 Wahr oder falsch?

Markiere wahre Aussagen grün, falsche Aussagen rot.

① Klopapier gibt es seit 2000 Jahren.

② Früher benutzten die Menschen auch Scherben zum Abwischen.

③ Die reichen Menschen hatten Diener, die ihnen den Hintern abputzten.

④ In Asien und Afrika benutzte man die rechte Hand zum Hinternsäubern.

⑤ Die Australier kamen zuerst auf die Idee, Papier zu benutzen.

⑥ Joseph Gayetty bedruckte sein Klopapier mit seinem Namen.

⑦ In Deutschland wurde die erste Toilettenpapierfabrik 1915 gegründet.

⑧ Hans Klenk stellte Klopapierrollen her.

⑨ Klopapier kann aus mehreren Schichten bestehen.

⑩ Weiches Klopapier gibt es in Deutschland erst seit 1995.

Berichtige die falschen Aussagen: Wie muss es richtig heißen?

★ Zusatzaufgabe:

Schreibe weitere wahre und falsche Sätze zum Text auf.

Lasse einen Mitschüler lösen.

____

____

____

____

____

____

3 Das Kreuzworträtsel

waagerecht

1 Welche Hand benutzten die Menschen in Asien oder in Afrika zum Abwischen? Die …
3 1928 hat Herr Klenk eine Klopapierfirma gegründet. Wie hieß er mit Vornamen?
5 Welches Volk kam als erstes auf die Idee, Papier zu benutzen?
7 Wer musste den reichen Menschen den Hintern putzen?
8 Anderer Name für Klopapier
9 Früher war das Papier ...
11 Er packte zuerst Klopapier in Schachteln: Joseph ...

senkrecht

2 Wie viele Blätter wickelte Hans Klenk auf eine Rolle?
4 Wie viele Rollen Klopapier verbracht man ungefähr pro Jahr?
6 Wie heißen die kleinen Abreißlöcher im Klopapier?
10 Dies benutzten die Menschen früher auch zum Abputzen.

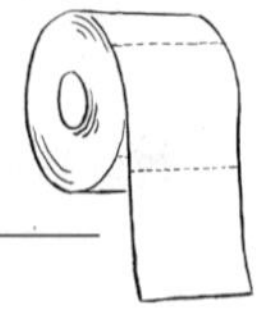

4 **Schau nach: In welcher Reihenfolge stehen die Sätze im Text?**

	Aber die Menschen in der Stadt hatten das natürlich nicht.
	Aber das Papier war hart und kratzig.
	Das ist schon 1400 Jahre her.
	Was meinst du dazu?
	Dazu werden einfach mehrere Schichten aufeinandergelegt.

5 **Geheimschrift: Sicher kannst du diese Wörter lesen.**

Finde sie in der Geschichte und markiere sie farbig.

Kl✱p✹p◎✿r	◣rf◎nd✿r
Str✱h	D✿⅄tschl✹nd
kr✹tz◎g	L⅄dw◎gsb⅄rg
H◎nt✿rn	P✿rf✱r✹t◎on
M⅄sch✿ln	G✿ld
W✹ss✿r	Z✿◎t⅄ng✿n
P✹p◎✿r	T✱◎l✿tt✿np✹p◎✿r
T✱nsch✿rb✿n	WC-P✹p◎✿r
P✹p◎✿rblätt✿r	P✹pphüls✿n

6 Was passt nicht dazu? Streiche durch.

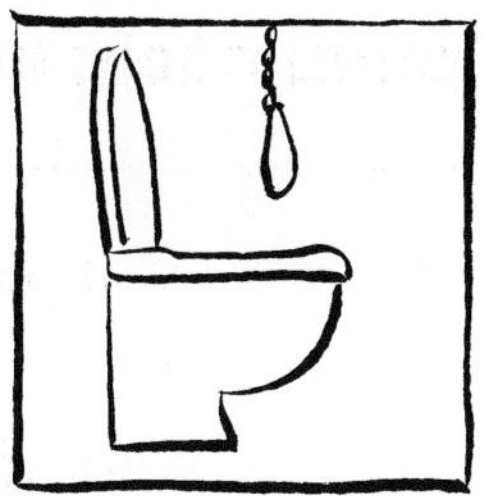

a) Moos – Gras – Leder – Stroh

b) rechts – Asien – Hand – Wasser

c) Klenk – China – Perforation – Toilettenpapierfabrik

7 Welche Wörter verbergen sich in den Rätseln? Schreibe auf.

Der erste Buchstabe ist **fett** gedruckt.

a)

m	r	e
a	p	i
p	**K**	x
o	l	t

b)

P	e	r
r	o	f
a	b	n
t	i	o

c)

a	**P**	b
p	s	e
p	l	m
h	ü	n

d)

c	s	n
h	a	o
e	e	**T**
r	b	z

8 Trenne die Wörterschlange und schreibe richtig auf.

KlopapiergibtesnochgarnichtsolangeFrüherbenutztendieMenschenganz
verschiedeneSachenumsichdenHinternzureinigenSchönweichwarenMoos
undGrasImWintergabesStrohDaswaraberauchganzschönkratzig

9 Das Suchrätsel

Diese Wörter sind in dem Rätsel versteckt. Finde mindestens zehn.

Afrika – Asien – Chinesen – Erfinder – Gras – Hand – Hintern – Klo – Klopapier – Moos – Muscheln – Papier – Papphülsen – Perforation – Po – Rolle – Steine – Stroh – Toilettenpapier – Toilettenpapierfabrik – WC – Zeitungen

M	c	E	S	n	h	M	Ü	p	f	E	J	y	b	w	l	e	C	Q	G	J	Y	H
h	q	r	h	a	H	i	n	t	e	r	n	G	P	r	b	Z	L	s	Ö	g	H	a
b	d	f	Q	Y	H	l	M	Ö	M	H	U	T	T	B	o	f	i	z	z	d	r	n
T	r	i	S	P	C	X	y	W	l	R	c	M	o	o	s	S	Y	D	c	P	o	d
Ö	Y	n	h	e	n	S	I	ä	i	J	Ö	m	i	Z	L	c	Q	ü	K	C	Z	h
h	I	d	i	r	r	Z	t	ü	n	Y	d	I	l	s	N	O	h	a	h	O	f	R
d	X	e	r	f	A	x	W	V	t	L	g	Q	e	k	A	o	c	P	r	w	m	y
z	e	r	P	o	F	S	F	T	o	i	l	e	t	t	e	n	p	a	p	i	e	r
E	f	b	J	r	N	t	D	t	G	S	e	g	t	j	Q	c	w	w	d	I	P	K
w	f	H	n	a	B	e	U	I	e	e	r	T	e	ü	z	s	O	v	e	V	a	P
C	m	Z	U	t	K	i	p	Z	s	e	u	J	n	N	G	U	ä	h	o	K	p	u
h	a	e	ö	i	A	n	E	V	c	p	o	f	p	L	g	ä	j	Ä	M	ü	p	p
i	t	i	U	o	F	e	w	s	h	g	d	P	a	p	i	e	r	M	u	u	h	o
n	y	t	y	n	g	w	z	X	i	e	P	o	p	ö	A	z	r	Ä	s	p	ü	i
e	i	u	K	ä	z	s	I	B	c	M	M	f	i	I	s	J	V	p	c	e	l	m
s	l	n	N	Ä	A	X	x	Q	h	U	R	o	e	m	i	A	E	i	h	m	s	a
e	n	g	f	Y	o	T	W	C	t	Z	B	w	r	e	e	V	s	I	e	i	e	r
n	U	e	G	I	Y	t	X	z	e	L	l	ä	f	S	n	Ü	J	ü	l	e	n	n
k	S	n	i	A	f	r	i	k	a	G	U	x	a	S	A	I	g	T	n	s	k	Q
J	S	t	r	o	h	p	Ä	R	ä	i	U	d	b	x	e	E	P	W	i	t	p	e
I	K	l	o	L	m	H	P	s	f	N	ü	c	r	d	a	s	G	r	a	s	r	b
O	V	w	u	a	N	J	B	L	A	w	a	b	i	K	l	o	p	a	p	i	e	r
o	k	v	L	S	R	o	l	l	e	C	e	y	k	y	Y	b	j	z	j	P	Q	A

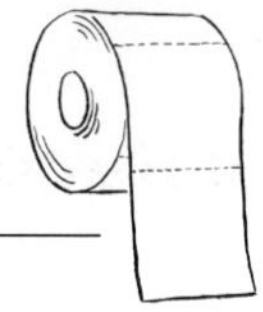

10 **Augengymnastik I.**

Was fehlt hier?

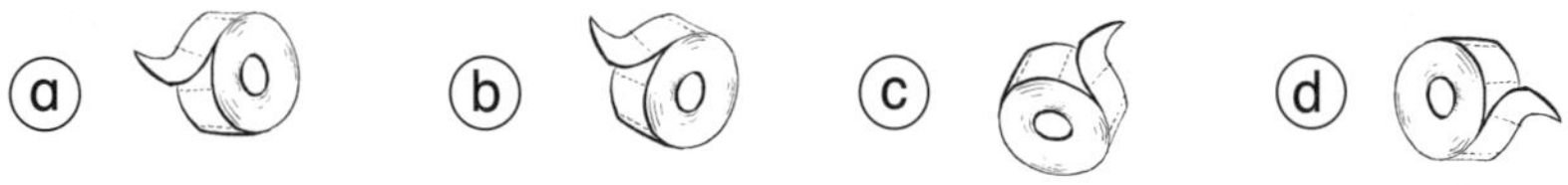

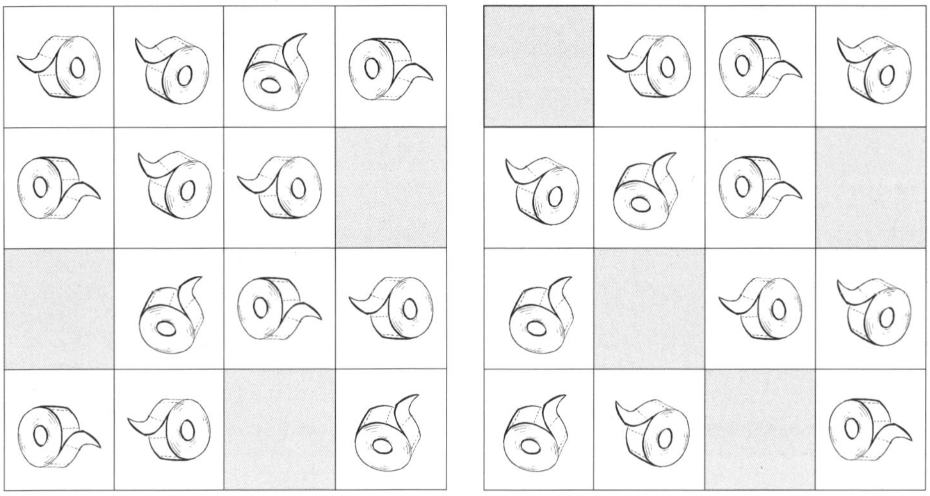

11 **Augengymnastik II.**

Verbinde die gleichen Bilder mit Linien.

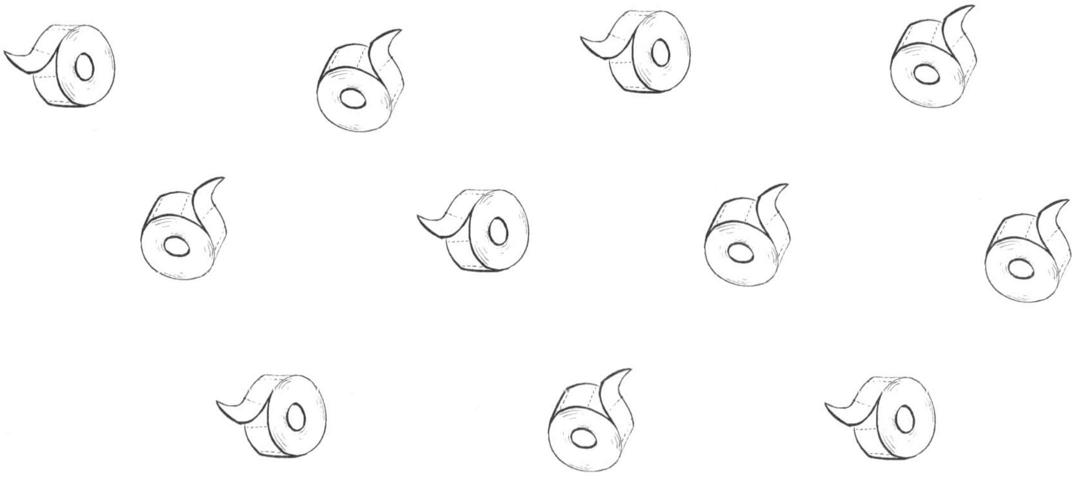

„I was the Groom of the Stool.“[1] – Ich putzte den Hintern des Königs.
Die Geschichte eines Menschen, der dem König so nah war wie sonst fast keiner ...

Mein Name ist William Compton.
Ich wurde etwa zwei Jahre vor der Krönung von Heinrich VII. (Gott habe ihn seelig) in England geboren. Mein Vater Edmund hatte ein kleines *Landgut*.
Wir lebten von dem, was wir dort angepflanzt haben. Holz und Gemüse konnten wir auch verkaufen.
Leider starb mein Vater als ich elf Jahre alt war.
Meine Mutter und ich mussten dann alleine zurechtkommen. Das ging nicht lange gut, denn die Arbeiter waren nicht bereit, meiner Mutter zu gehorchen.
Ich war noch nicht alt genug, aber arbeiten musste ich.

Ein Onkel beschaffte mir eine Stelle am *Hofe* des Königs. Das war für meine Mutter eine große Beruhigung, sie wusste dass ich nun versorgt bin. Stellt euch vor: Ich ging zum König, um zu arbeiten und war gerade mal elf Jahre alt. Zuerst machte mir die Arbeit keinen Spaß: Ich trug die Gepäckstücke des Königs zur Kutsche, putzte alles, was man mir sagte und verrichtete *Botengänge* für den König.
Ich musste also oft viel laufen, auf Knien den ganzen Gang schrubben und hinterher noch viele Dinge tragen. Abends war ich so müde, dass ich oft nicht mal mehr essen konnte. Der König war immer sehr freundlich zu mir. Manchmal gab er mir sogar eine kleine Süßigkeit, wenn ich besonders flink gewesen war.

Trotzdem, es war eine langweilige Arbeit.
Ich war sehr stolz als mich der König eines Tages fragte, ob ich mich um seinen Sohn kümmern könnte.
Das war ein *Prinz* und sein Name war Heinrich.
Bald war ich mit dem jungen Prinzen Heinrich befreundet.
Er war zwar jünger als ich, aber er konnte lesen und schreiben.
So konnte er mir verschiedene Sachen erklären. Aber auch ich zeigte ihm Dinge, die ich konnte und er noch nicht.
Bei den Reisen, die der König oft mit seinem Sohn unternahm, war es meine Aufgabe vorauszureisen und die *Gemächer* für den Prinzen vorzubereiten. Ich wusste nämlich ganz genau, wie der Prinz sein Zimmer haben wollte.

Heinrich VIII.

[1] Das sprichst du so aus: „Ai wos se gruhm off se stuhl“

Ich wusste, welche Decken er im Bett mochte und wie sie gefaltet sein sollten. Auch wie die *Öllampen* aufgestellt werden mussten, dass es ihm gefiel. Natürlich wusste ich auch, welche *Speisen* dem Prinz besonders schmeckten.
Ich wusste sofort, wann er eine *Waschschüssel* wünschte, hatte seinen liebsten *Umhang* zur Hand und konnte oft genau sagen, worauf der Prinz Hunger hat.
In dieser Zeit wurde unsere Freundschaft immer besser. Der Prinz lernte jeden Tag fremde Menschen kennen und sagte oft: „William, ich bin froh, wenn es Abend wird und ich nur noch dein Gesicht sehen muss."

Ich war nicht der einzige *Page*, aber der jüngste. Alle anderen waren schon erwachsene Männer und Frauen. Zu mir hatte der Prinz am meisten Vertrauen.
Als ich 27 Jahre alt war, starb der alte König und der Prinz wurde zum König gekrönt. Er hieß jetzt König Heinrich VIII. von England. Ich war sehr stolz, dass ich ihm immer noch dienen durfte. Er ernannte mich zum *„Groom of the Stool"*.
Jetzt hatte ich auch die Aufgabe, den König zu waschen und ihn zu *kleiden*. Sogar während er sich *erleichterte* war ich dabei und hatte die Aufgabe, ihn danach zu reinigen und dann den *Topf* zu entfernen.
Es war mir eine Ehre, dafür zu sorgen, dass er sich immer reinlich und sauber fühlte.
Jeder Mensch stinkt, wenn er so auf dem Topf sitzt, oder?
Aber wenn man sich so geehrt fühlt, ist selbst der menschliche Gestank nicht schlimm. Für keinen von uns beiden waren diese *Verrichtungen* peinlich. Wer kann schon jeden Furz eines Königs hören und riechen?

Ich war also ganz wichtig für den König, ich verwaltete seine *Geldbörse*, leistete ihm Gesellschaft und half ihm, die *Almosen* an die Armen zu verteilen, wenn sie kamen und bettelten. Außerdem half ich ihm auf dem Topf.
Als ich 30 Jahre alt war, heiratete ich. Der König machte mir und meiner Frau ein tolles Geschenk. Ein Jahr später wurde ich sogar zum *Ritter* geschlagen. Der König schenkte mir ein großes Landgut und füllte meine Börse. Für mich hätte er das nicht zu tun brauchen, denn ich war immer zufrieden mit dem, was ich hatte.
Aber so war für meine Frau und meinen Sohn gesorgt. Und ich war sicher, dass mein Sohn nicht schon mit elf Jahren in den Dienst gehen musste, so wie es mir passiert war.

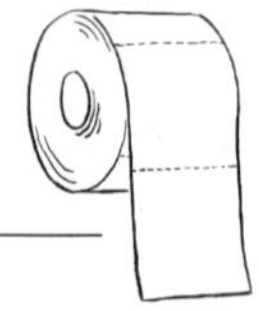

1 **Es gibt im Text einige altmodische Wörter. Findest Du sie?**

Sie sind schräg geschrieben.

Erkläre mindestens zehn dieser Wörter. Siehe im Wörterbuch oder im Internet nach.

Wort	**Erklärung**

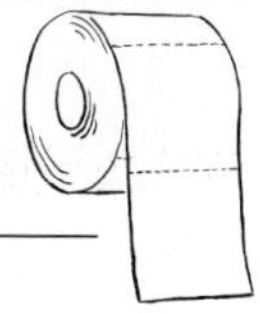

2 **Was passt zusammen? Trage unten die richtigen Buchstaben ein.**

①	Groom of the Stool
②	Almosen
③	Börse
④	erleichtern
⑤	Gemächer
⑥	bei Hof
⑦	kleiden
⑧	Verrichtungen
⑨	Speise
⑩	Page

Geldbeutel	t
im oder am Schloss des Königs	g
ein Essen	g
Tätigkeiten	n
Diener des Toilettenstuhls	B
Zimmer	n
aufs Klo gehen	e
Geschenke, Spenden für Arme	o
Diener	e
anziehen	ä

So heißt das Lösungswort:

___ ___ ___ ___ ___ ___ ___ ___ ___ ___
1 2 3 4 5 6 7 8 9 10

3 **Kennst du das richtige Alter?**

① So alt war William Compton, als er geboren wurde: ____________

② So alt war er, als sein Vater starb: ____________

③ So alt war er, als der Prinz zum König wurde: ____________

④ So alt war er, als er heiratete: ____________

⑤ So alt war er, als er zum Ritter geschlagen wurde: ____________

4 Das Kreuzworträtsel

Achtung: Ö = Ö; ß = SS

waagerecht

1 Wie alt war William, als der alte König starb?
3 Womit konnte damals Licht gemacht werden?
5 In welchem Land wurde William Compton geboren?
6 Wie hieß der „Groom of the Stool" mit Vornamen?
7 Gab es bei König Heinrich VIII. schon Glühlampen?
9 Wie hieß der Sohn von König Heinrich VII.?

senkrecht

2 Wie alt war William, als er heiratete?
4 Wie als war William, als er Ritter wurde?
5 Wie hieß der Vater von William Comptom mit Vornamen?
8 Wie alt war William, als sein Vater starb?

5 **Schau mal nach: In welcher Reihenfolge stehen die Sätze im Text?**

	Mein Name ist William Compton.
	In dieser Zeit wurde unsere Freundschaft immer besser.
	Aber so war für meine Frau und meinen Sohn gesorgt.
	Zu mir hatte der Prinz am meisten Vertrauen.
	Der König machte mir und meiner Frau ein tolles Geschenk.

6 **Geheimschrift: Sicher kannst du diese Wörter lesen.**

Finde sie in der Geschichte und markiere sie farbig.

✖lm✱s✿n	W✹schschüss✿l
B✱t✿ngäng✿	✿rl✿◎chtert✿
G✿ldbörs✿	G✿mäch✿r
kl✿◎d✿n	L✹ndg⅄t
Öll✹mp✿n	P✹g✿
Pr◎nz	R◎tt✿r
Sp✿◎s✿n	T✱pf
➷mh✹ng	V✿rr◎cht⅄ng✿n

7 **Male die Geschichte als Comic.**

8 **Recherchiere im Internet: Was passiert bei einem Ritterschlag?**

Mache dir Stichpunkte und berichte in der Klasse.

5 Sex und Liebe: Wer mit wem?

Wir haben eine Schulsozialarbeiterin an der Schule. Sie hat mit den Mädchen einen Kurs gemacht. „Sexualität und Hygiene“ hieß der.
Da haben wir ganz viel gemacht.
Aber zuerst musste meine Mutter einen Brief unterschreiben, dass ich an diesem Kurs teilnehmen darf. Denn in dem Kurs haben wir auch Wörter benutzt, die Eltern nicht gerne hören, rot werden und anfangen zu schreien.
Jedenfalls: Weil du diesen Brief nicht hast, kann ich diese Wörter hier nicht benutzen. Dann mache ich so Pünktchen hin. Also zum Beispiel: fi...

Zuerst muss ich euch erzählen, warum es überhaupt Sex gibt.
Sex gibt es, damit wir Menschen nicht aussterben.
Wenn Männer und Frauen keinen Sex zusammen haben, gibt es auch keine Kinder.
Damit das nicht passiert, haben wir einen Sexualtrieb.
Diesen Trieb nennt man Libido. Wir wollen Sex haben.
Das ist ganz normal. Beim Sex werden Kinder gezeugt.
Außerdem haben Menschen Sex, weil es Spaß macht.
Auch zwei Männer können zusammen Spaß haben. Und zwei Frauen können zusammen Spaß haben.
Oft haben Menschen miteinander Sex, weil sie sich lieben.
Auch zwei Männer können sich lieben. Dann sind sie schwul.
Auch zwei Frauen können sich lieben. Dann sind sie lesbisch.
Oder eine Frau liebt einen Mann und eine Frau. Dann ist sie bisexuell.
Oder ein Mann liebt eine Frau und einen Mann. Dann ist er bisexuell.
Man spricht dann auch von der sexuellen Orientierung eines Menschen.

Es gibt also drei Arten der sexuellen Orientierung:

Heterosexualität	... jemand ist heterosexuell
Homosexualität	... jemand ist homosexuell
Bisexualität	... jemand ist bisexuell

hetero bedeutet *anders*
homo bedeutet *gleich*
bi bedeutet *zwei* (oder: *doppelt*)

5 Sex und Liebe: Wer mit wem?

Zwei Menschen finden sich so klasse, dass sie immer zusammenbleiben wollen. Sie haben also eine Freundschaft oder auch eine Beziehung. Die zwei wollen dann nicht nur Videos zusammen gucken und reden, sie wollen sich spüren, küssen, streicheln und du weißt schon.

Man kann dazu auch sagen, sie wollen intim miteinander sein. Intimität bedeutet, dass zwei sich sehr sehr gut kennen und sich sehr vertrauen. Die zwei sagen sich Sachen, die sie keinem anderen Menschen sagen. Sie können auch Sachen zusammen machen, die sie mit keinem anderen Menschen tun würden. Zum Beispiel eben auch Sex haben. (Muss aber nicht.)

Jetzt kommen die Wörter mit den Punkten. Sie wollen fi..., po...

Dafür haben die Erwachsenen natürlich so ein blödes Wort. Geschlechtsverkehr heißt das. Wie Straßenverkehr.

Also zu Sex kannst du auch Geschlechtsverkehr sagen, wenn du willst.

Und wie geht das jetzt genau?

Zum Beispiel: Wenn die Frau den steifen Penis des Mannes in ihre Vagina nimmt. Oder anders gesagt, wenn ein Mann seinen steifen Penis in die Vagina der Frau steckt.

Wie bitte? Ja, die Erwachsenen machen das oft so, dass sie so komische Wörter benutzen. Also Vagina ist die Scheide der Frau (du sagst vielleicht Mö... oder Mu...). Penis ist das Glied des Mannes (du sagst vielleicht Pi... oder Schw...).

5 Sex und Liebe: Wer mit wem?

1 **Was passt?**

Diskutiert eure Ergebnisse.

heterosexuell – homosexuell – bisexuell

 ______________________

 ______________________

 ______________________

 ______________________

 ______________________

 ______________________

2 **Richtig oder falsch?**

Markiere wahre Aussagen grün, falsche Aussagen rot.

① Der Kurs hieß „Sexualität und Sex“.

② Sex gibt es, damit wir Menschen nicht aussterben.

③ Homosexualität bedeutet, dass ein Mann eine Frau liebt.

④ Die Scheide ist ein Körperteil der Frau.

⑤ Heterosexualität bedeutet, dass eine Frau einen Mann und eine Frau liebt.

⑥ Zu Sex kannst du auch Straßenverkehr sagen.

⑦ Männer können keinen Sex mit Männern haben.

⑧ Penis hat die gleiche Bedeutung wie Glied.

⑨ Eine Frau kann eine Frau lieben.

Berichtige die falschen Aussagen: Wie muss es richtig heißen?

★ **Zusatzaufgabe:**

Schreibe weitere wahre und falsche Sätze zum Text auf ein extra Blatt.
Lasse einen Mitschüler lösen.

3 Das Quiz: hetero oder homo oder bi?

① Was bedeutet sexuelle Orientierung?

a) wo du am liebsten Sex hast

b) ob du weißt, was Sex ist

c) mit welchem Geschlecht du Sex hast

d) ob du gerne Filme guckst

② Was bedeutet hetero?

a) gleich

b) verschieden

c) weiß nicht

d) mit Sex

③ Was bedeutet Homosexualität?

a) Männer mögen Frauen

b) Männer mögen Männer

c) Männer mögen Autos

d) Männer mögen Filme

④ Was bedeutet Homosexualität noch?

a) Frauen mögen Frauen

b) Frauen mögen Männer

c) Frauen mögen Autos

d) Frauen mögen Filme

⑤ Was bedeutet Bisexualität?

a) Frauen mögen Frauen und Männer

b) Frauen mögen Männer und Autos

c) Frauen mögen Autos

d) Frauen mögen Filme und Frauen

⑥ Was bedeutet Bisexualität noch?

a) Männer mögen Filme und Frauen

b) Männer mögen Männer und Autos

c) Männer mögen Autos

d) Männer mögen Frauen und Männer

4 **Schau nach: In welcher Reihenfolge stehen die Sätze im Text?**

	Sex gibt es, damit wir Menschen nicht aussterben.
	„Sexualität und Hygiene“ hieß der.
	Und wie geht das jetzt genau?
	Beim Sex werden Kinder gezeugt.
	Oder ein Mann liebt eine Frau und einen Mann.

5 **Geheimschrift: Sicher kannst du diese Wörter lesen.**
Finde sie in der Geschichte und markiere sie farbig.

lieben	Penis
homosexuell	Menschen
Spaß	intim
Sex	Freundschaft
Liebeskummer	Heterosexualität
Beziehung	heterosexuell
Glied	Vagina
Homosexualität	bisexuell
Bisexualität	lesbisch
schwul	Geschlechtsverkehr
Scheide	Intimität

6 Das Kreuzworträtsel

Achtung: Ä = Ä und β = β

waagerecht

2 Geschlechtsverkehr: Spezialwort
4 Das Tunwort heiβt lieben. Und das Namenwort?
5 Ein anderes Wort für Sex
6 Ein Mann liebt einen Mann. Oder eine Frau liebt eine Frau. Sie sind also … (Wiewort)
7 Zwei trauen sich sehr und sagen sich alles. (Namenwort)
8 Alles, was ich gerne mache: Das macht mir ...
10 Das Namenwort heiβt Intimität. Und das Wiewort?
11 Das Wiewort heiβt zärtlich. Und das Namenwort?
12 Einer, der immer alles bestimmen will, ist ein ...
13 Das Namenwort heiβt Zärtlichkeit. Und das Wiewort?

senkrecht

1 Eine Frau liebt einen Mann. Oder ein Mann liebt eine Frau. Sie sind also … (Wiewort)
3 Wenn zwei gute Freunde sind, haben sie eine ...
4 Manchmal ist die Liebe traurig und ich habe ...
9 Ein Mann liebt eine Frau und einen Mann. Er ist also … (Wiewort)

7 **Was passt nicht dazu? Streiche durch.**

a) Spaß – Liebeskummer – Freundschaft – Intimität

b) Geschlechtsverkehr – Zärtlichkeit – Bestimmer

c) homosexuell – heterosexuell – bisexuell – dumm

8 **Welche Wörter verbergen sich in den Rätseln? Schreibe auf.**

Der erste Buchstabe ist **fett** gedruckt.

a)

i	l	a	u
t	a	b	x
ä	c	**S**	e
t	d	e	f

b)

i	m	i	x
t	u	t	m
ä	**I**	n	b
t	s	e	a

c)

s	e	b	e
k	a	e	i
u	c	x	**L**
m	m	e	r

9 **Trenne die Wörterschlange und schreibe richtig auf.**

LiebemussnichtheißendassmanSexzusammenhatEsisttollwennzweiMenschendaszusammenmachenwasbeidenSpaßmachtEsistdoofwenneinerbestimmtSoeinfachistdas

10 Das Suchrätsel

Diese Wörter sind in dem Rätsel versteckt.
Finde mindestens 10 Wörter.

Geschlechtsverkehr – Heterosexualität – Homosexualität – heterosexuell – Bisexualität – Zärtlichkeit – Liebeskummer – Freundschaft – homosexuell – Intimität – bisexuell – Bestimmer – zärtlich – Liebe – intim – Spaß – Sex

U	d	h	x	e	E	b	P	h	B	X	I	I	L	m	H	P	s	f	N	ü
c	B	o	O	V	G	i	w	e	i	u	a	n	N	J	i	n	t	i	m	B
L	A	m	N	ö	e	s	o	t	s	k	v	t	L	S	C	e	H	y	y	F
Y	b	o	j	z	s	e	j	e	e	P	Q	i	A	k	Y	g	o	O	k	r
D	h	s	P	ä	c	x	Ü	r	x	ü	e	m	I	z	ü	S	m	N	s	e
B	Y	e	s	J	h	u	J	o	u	V	I	i	j	X	W	z	o	W	A	u
I	e	x	I	v	l	e	q	s	a	I	ä	t	p	f	Q	k	s	w	b	n
Ä	V	u	q	u	e	l	V	e	l	A	B	ä	W	ü	x	k	e	m	T	d
f	z	e	i	H	c	l	h	x	i	O	G	t	b	s	d	I	x	Ü	ü	s
l	g	l	m	H	h	N	V	u	t	C	L	O	h	j	y	D	u	I	F	c
X	l	l	g	l	t	Y	Ä	e	ä	x	k	U	v	M	F	S	a	w	ä	h
Z	r	y	D	z	s	d	P	l	t	l	Ä	Ü	p	B	q	ä	l	B	ä	a
G	W	k	z	D	v	F	j	l	X	I	f	v	b	X	G	I	i	k	x	f
k	p	z	O	z	e	z	ä	r	t	l	i	c	h	t	s	v	t	P	x	t
G	S	ä	a	Q	r	L	N	R	Ö	S	S	t	q	x	x	W	ä	a	t	u
Q	Z	j	Z	P	k	i	k	n	L	F	n	e	p	O	N	d	t	ö	x	E
d	h	r	D	p	e	e	Z	ä	r	t	l	i	c	h	k	e	i	t	Ä	Y
J	O	x	Z	I	h	b	w	U	B	e	s	t	i	m	m	e	r	t	f	N
V	H	ö	V	m	r	e	W	i	X	z	N	W	G	d	b	S	p	a	ß	l
H	e	t	e	r	o	s	e	x	u	a	l	i	t	ä	t	C	X	S	e	x
K	L	i	e	b	e	s	k	u	m	m	e	r	X	x	n	ä	e	j	m	P

11 Was fehlt?

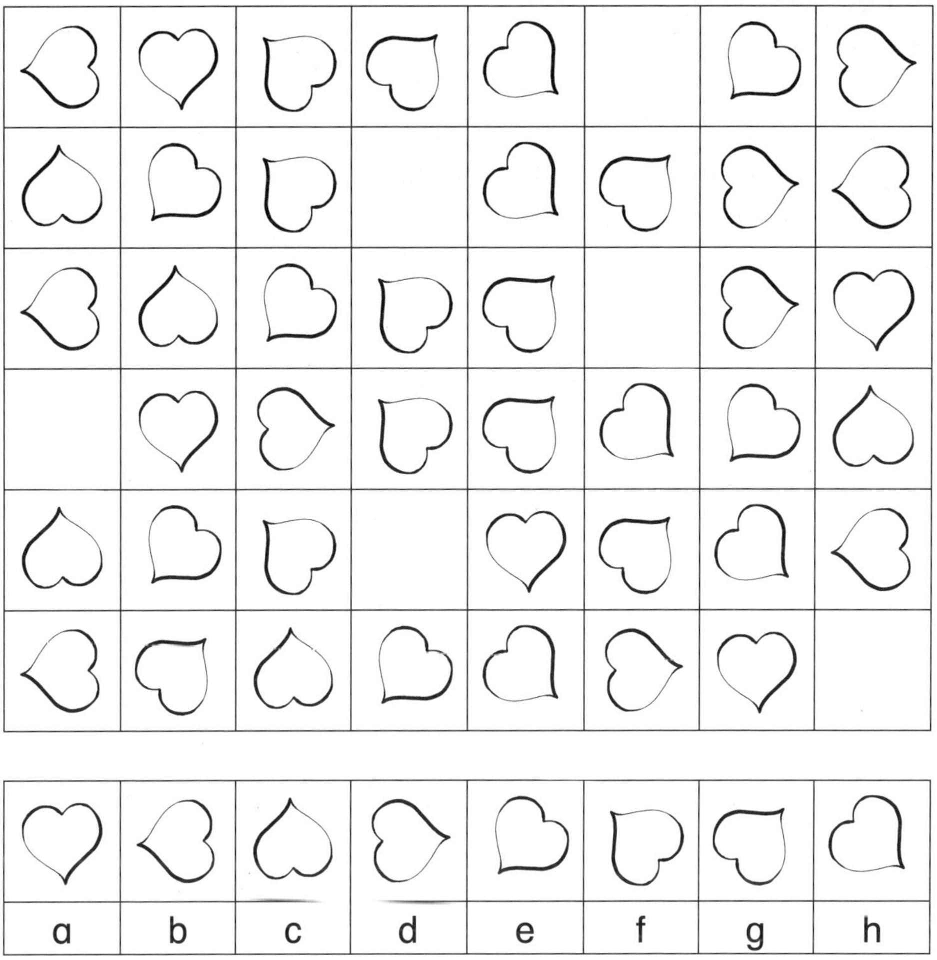

12 Wer ist der Glückliche?

Also meine Mutter ist ja ganz in Ordnung.
Natürlich nervt sie mich immer wieder mit der Schule und dem Zimmer. Ich habe nämlich mit meinem kleinen Bruder zusammen ein Zimmer und ich muss immer aufräumen.
Einmal in der Woche geht meine Mutter abends zu so einem Kurs.
Da lernt sie, wie die Computer funktionieren.
Meine Mutter war also an einem Abend bei diesem Kurs und mein Bruder hat auf der Konsole gespielt. Ich habe auf dem Fernsehsessel meiner Mutter gesessen. Da lag auf dem Tisch dieses Buch.
Vorne war dieses Bild zu sehen.
Mensch ist das peinlich!
So alt ist meine Mutter ja noch nicht, aber so ein Buch und so eine Zeichnung! PEINLICH!
Ich habe auch einen Computer und da schaue ich mir mit Melanie auch nackige Leute im Internet an.
Aber so wie im Buch meiner Mutter ist das ja gar nicht.
Dann habe ich in das Buch hineingeschaut und gelesen. Da stand das – ich glaube es ja immer noch nicht:

> Die Zeichnung, die mir Peter in der Pause gegeben hatte, war mit Bleistift auf Karopapier gemalt.
> Die Zeichnung zeigte eine Frau. Das konnte man daran erkennen, dass sie lange Locken hatte und einen Rock. Der Rock ging fast bis runter auf die Schuhe.
> Der Oberkörper war nackt. Da waren zwei dicke Busenkreise mit schwarzen Punkten in der Mitte.
> Darunter konnte man in den Bauch der Frau hineinsehen.
> Der Bauch der Frau war in viele Fächer unterteilt. In jedem Fach lag ein kleines Baby. Zusammen waren es bestimmt zwölf.
> Die Babys waren als Strichmännchen mit Bauch gezeichnet.

Vom untersten Fach ging dann ein Rohr durch den Rock dieser Frau. Das Rohr kam zwischen den Schuhen der Frau raus. Was war, wenn die ganzen Fächer im Bauch der dicken Frau leer waren? Konnten dann neue Kinder in den Bauch der dicken Frau getan werden?[1]

Boah, das ist doch nicht zu glauben, oder?
Also dicke Frauen, denen im Bauch einfach Kinder wachsen.
Das gibt es doch nicht!
Kein Wunder, dass meine Mutter keinen Freund mehr hat, wenn sie solche Bücher liest.
Nur, was mir gerade einfällt: Meine Mutter hat ja zwei Kinder, mich und meinen Bruder. Also muss sie doch eigentlich wissen, wie das funktioniert. Dann hat sie doch schon mal Sex gehabt und einen nackigen Mann gesehen, oder?
Ich finde das sowieso komisch. Ich kann mir nicht vorstellen, dass meine Mutter Sex hat oder gehabt hat.
Kannst du dir das bei deinen Eltern vorstellen?
Was ich jetzt mache: Ich schreibe auf, wie das mit dem Sex ist und den nackigen Menschen. Das lege ich meiner Mutter dann in ihr komisches Buch. Mal sehen, ob sie was sagt oder ob sie sich geniert.

[1] Der Text wurde einer Erzählung Karla Schneiders aus dem Buch „Kor, der Engel" nachempfunden.

1 Wahr oder falsch?

Markiere wahre Aussagen grün, falsche Aussagen rot.

① Der Bruder hat ein eigenes Zimmer.

② Die Freundin heißt Manuela.

③ Die Zeichnung zeigt eine Frau.

④ Die Babys waren als Strichmännchen mit Bauch gezeichnet.

⑤ Die Mutter geht morgens zu einem Kurs.

⑥ Der Rock ging bis runter auf die Knie.

⑦ Der Oberkörper war nackt.

⑧ Im Bauch waren acht Babys.

⑨ Die Mutter hat keinen Freund.

⑩ Die Mutter hat schon mal Sex gehabt.

Berichtige die falschen Aussagen: Wie muss es richtig heißen?

★ Zusatzaufgabe:

Schreibe weitere wahre und falsche Sätze zum Text auf.
Lasse einen Mitschüler lösen.

2 Das Rätsel

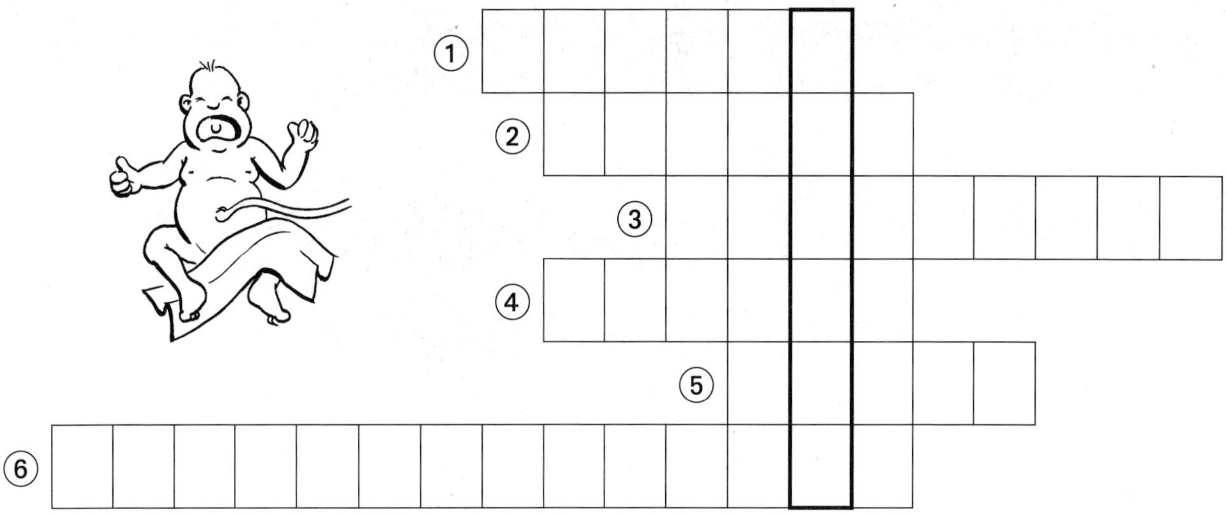

① Das war in der Mitte der Busenkreise

② Der Bauch der Frau war unterteilt in ...

③ Das Bild war gezeichnet mit ...

④ Auf dem Kopf der Frau waren ...

⑤ Der hat die Zeichnung gegeben

⑥ Die Babys waren gezeichnet als ...

3 Wörterschlange

Trenne die Wörterschlange.
Lies die Wörter laut.
Kannst du mit diesen Wörtern die ganze Geschichte erzählen?

BleistiftKaropapierZeichnungFrauLockenRockSchuheOberkörperBusen
kreisePunkteMitteBauchFächerBabyStrichmännchenRohrSchuhe

4 a) Kennst du die richtige Antwort?

Schau im Text nach und schreibe auf.

① Womit war die Zeichnung gemalt?

② Auf welchem Papier war die Zeichnung gemalt?

③ Was war auf der Zeichnung zu sehen?

④ Wie konnte man erkennen, dass es eine Frau war?

⑤ Wie war der Oberkörper der Frau?

⑥ Was war mit dem Bauch der Frau?

⑦ Was war in den Bauchfächern?

⑧ Wie konnten die Babys aus dem Bauch der Frau rauskommen?

★ Zusatzaufgabe:

Zeichne auf ein extra Blatt, wie die Kinder im Buch sich eine schwangere Frau vorgestellt haben.

4 **b) Fragen und Antworten: Was gehört zusammen? Verbinde.**

① Womit war die Zeichnung gemalt?	Der Oberkörper der Frau war nackt. ⓐ
② Auf welchem Papier war die Zeichnung gemalt?	Die Zeichnung zeigte eine Frau. ⓑ
③ Was war auf der Zeichnung zu sehen?	In jedem Bauchfach lag ein Baby. ⓒ
④ Wie konnte man erkennen, dass es eine Frau war?	Die Zeichnung war mit Bleistift gemalt. ⓓ
⑤ Wie war der Oberkörper der Frau?	Die Babys kamen durch ein Rohr aus dem Bauch heraus. ⓔ
⑥ Was war mit dem Bauch der Frau?	Die Zeichnung war auf Karopapier gemalt. ⓕ
⑦ Was war in den Bauchfächern?	Der Bauch der Frau war in Fächer unterteilt. ⓖ
⑧ Wie konnten die Babys aus dem Bauch der Frau rauskommen?	Man konnte das an dem Busen und dem Rock erkennen. ⓗ

5 Schau nach: In welcher Reihenfolge stehen die Sätze im Text?

	Da lernt sie, wie die Computer funktionieren.
	Die Babys waren als Strichmännchen mit Bauch gezeichnet.
	Mensch ist das peinlich!
	Kannst du dir das bei deinen Eltern vorstellen?
	Das Rohr kam zwischen den Schuhen der Frau raus.

6 Geheimschrift: Sicher kannst du diese Wörter lesen.
Finde sie in der Geschichte und markiere sie farbig.

Pause	Peter
Karopapier	Bleistift
Frau	Zeichnung
Rock	Locken
Oberkörper	Schuhe
Punkten	Busenkreise
Bauch	Mitte
Baby	Fächer
Strichmännchen	Rohr

7 **Male die Geschichte als Comic.**

8 **Recherchiere im Internet unter www.loveline.de[1]:**

Wie funktioniert das mit der Verhütung?
Finde heraus wie man Sex haben kann, ohne danach Kinder zu bekommen.
Mache dir Stichpunkte auf einem extra Blatt und berichte in der Klasse.

[1] Diese Seite ist von der Bundeszentrale für gesundheitliche Aufklärung.

Bild- und Textquellenverzeichnis

Seite 12: Scottgroup: © Henry Robertson Bowers

Seite 13: Zelt Amundsen: © Olav Bjaaland

Seite 14: Amundsen mit Fellkragen: © http://sunde.files.wordpress.com/2009/02

Seite 15: Scott: © Herbert Ponting

Seite 17: Amundsen mit Hut: © http://www.loc.gov/pictures/collection/ggbain

Seite 18: Amundsen im Eis: © Anders Beer Wilse

Seite 24: Text „Ein Schlittenhund auf dem Weg zum Südpol“ von Anna Ensslin

Seite 25, 27: Schiff Fram:
© http://www.archive.org/stream/newlandfouryears02sveruoft#page/107/mode/1up

Seite 30, 40: Dädalus und Ikarus: © Pyotr Ivanovich Sokolov 1776

Seite 31: Montgolfière: © Claude-Louis Desrais 1783

Seite 31: Otto Lilienthal: © Ottomar Anschütz

Seite 31: Gebrüder Wright: © Orville Wright oder Wilbur Wright 1903

Seite 32: Airbus: © http://commons.wikimedia.org/wiki/File:1er_vol_de_l%27_A380.jpg

Seite 42–44: Textauszug aus: „Karlsson vom Dach“ von Astrid Lindgren © Friedrich Oetinger Verlag, Hamburg 1990

Seite 52: Handyentwicklung:
© http://commons.wikimedia.org/wiki/File:Mobile_phone_evolution.jpg

Seite 55: Telefon 1896: © 1906 Kungliga Telegrafverkets apparater (Royal Telegraph Administration apparatus) at Project Runeberg :1896_ ,1896 /0004. :1896]

Seite 62: Text „Schuften für die Schule“ von Anna Ensslin

Seite 63: Koltanstein: © Rob Lavinsky
This file is licensed under the Creative Commons Attribution-Share Alike 3.0 Unported license. Attribution: Rob Lavinsky, iRocks.com – CC-BY-SA-3.0
URL: http://commons.wikimedia.org/wiki/File:Ferrocolumbite-Manganotantalite-rh3-36b.jpg

Seite 69: Zwei Papprollen: © Luigi Chiesa

Seite 78: Text „The Groom of the Stool“ von Anna Ensslin

Seite 78: Heinrich VIII. 1509: © http://www.marileecody.com/henry8images.html

Die übrigen Bilder wurden vom Autor selbst angefertigt.

Jederzeit optimal vorbereitet in den Unterricht?

»